JN232955

HINDUISM Revised Edition

M・B・ワング

山口泰司 訳

シリーズ
世界の宗教
WORLD RELIGIONS

改訂新版

青土社

ヒンドゥー教　改訂新版　目次

序文

5　政治的・社会的変化　121

6　ヒンドゥー教寺院、イコン、礼拝　149

ヒンドゥー教

改訂新版

Photo credits :

Page 14-5, 21 John Henebry ; 23 Madhu Bazaz Wangu ; 28-9 Robert & Linda Mitchell ; 31 ACSAA slide © AAAUM ; 41, 46-7 John Henebry ; 51 Ken Laffal ; 59 Ross-Coomar-aswamy Collection, courtesy, Museum of Fine Arts, Boston ; 71 John Henebry ; 80-1 ACSAA slide © AAAUM ; 99 John Henebry ; 103 ACSAA slide © AAAUM ; 109 Madhu Bazaz Wangu ; 124-5, 135 AP/Wide World ; 152-3 SEF/Art Resource, NY ; 157 Clemens Kalischer ; 165 John Henebry ; 169 Reuters/Bettmann ; 171 Clemens Kalischer ; 178-9 Madhu Bazaz Wangu ; 185 (left) John Henebry ; 185 (right) Robert & Linda Mitchell ; 197 Madhu Bazaz Wangu ; 208-9, 213 UPI/Bettmann.

序文

現代は「世俗の時代」と呼ばれることがある。それは、基本的には、宗教が大半の人間にとってとくに重要な問題でないことを意味する。しかし、これが正しくないことを示唆する証拠も多い。合衆国を含む多くの社会で、宗教や宗教的価値が何百万という人々の生活を形づくり、政治や文化においても重要な役割をはたしている。

この「シリーズ世界の宗教」は、学生と一般読者向けに編まれたものである。シリーズの各巻は、わたしたちの時代のおもな宗教的伝統や慣習について、だれにでもわかる明確な文章で解説する。その宗教が実践されている地域や、起源と歴史、その中心的な信条や重要な儀式、世界の文明にはたした貢献などを述べる。注意深く吟味された図版は、本文を補い、用語解説は、主題をより深く理解しようとする読者の一助になるであろう。

世界史のなかで、宗教的慣習と宗教性は、つねに中心的な役割をはたしてきた。本シリーズの諸巻は、宗教とは何であるかを明らかにし、今日の世界で実践されているさまざまな偉大な宗教の伝統にみられる類似性と相違を明らかにするであろう。

現在の
ヒンドゥー教徒の人口
83%以上
12～25%
1～2%

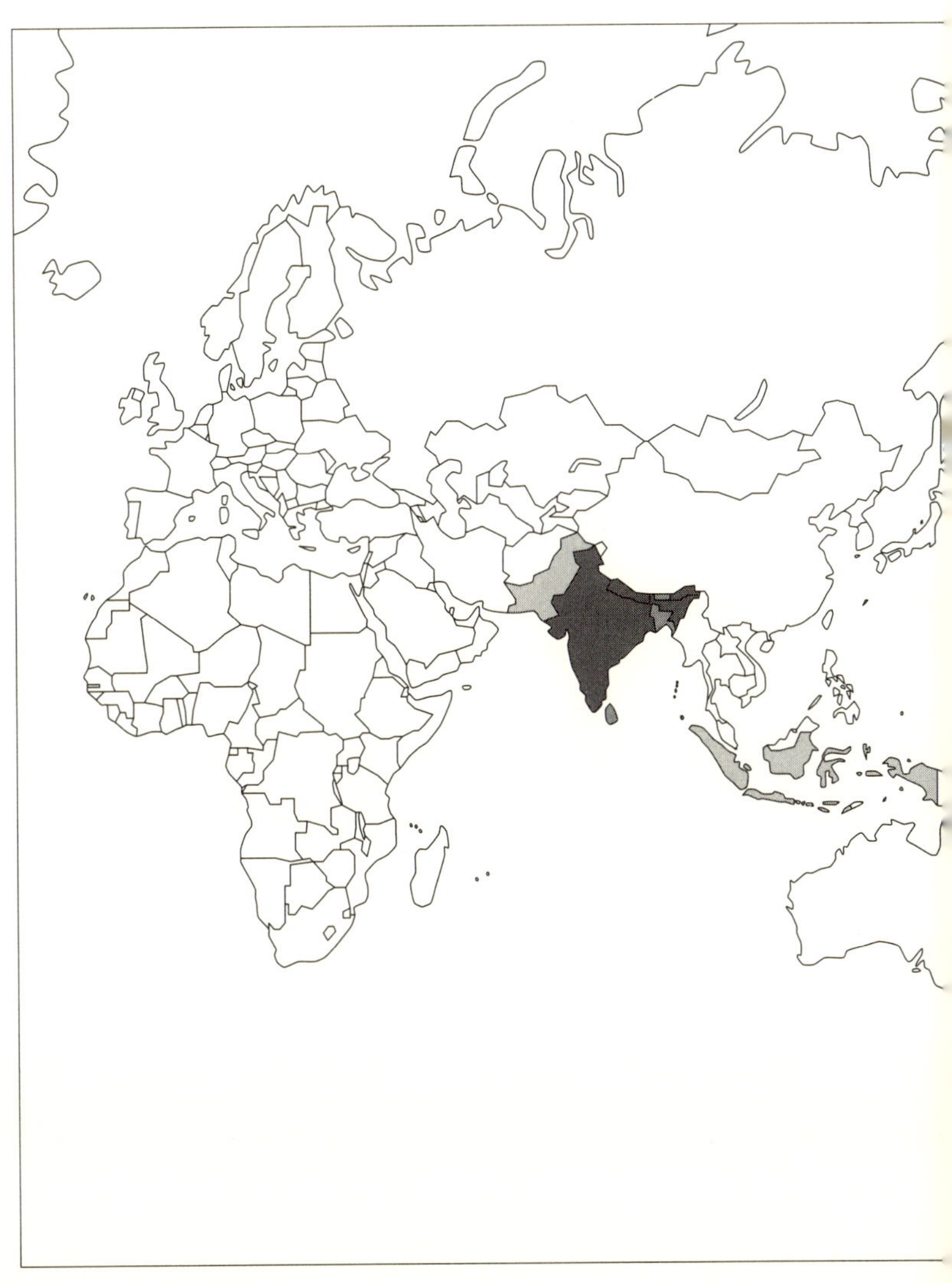

1　現代ヒンドゥー教の世界

ヒンドゥー教は現存する世界最古の宗教の一つである。ヒンドゥー教はキリスト教とイスラーム教に続く世界第三の宗教として、今日世界中に六億五四〇〇万人の信徒を擁している。ヒンドゥー教徒の大多数はこの宗教が生まれたインドに住んでいる。バングラデシュやパキスタンにも少数派ながら無視できない数のヒンドゥー教徒がおり、スリランカ、インドネシア、フィジー、アフリカ、イギリス、カナダ、アメリカなどにも少数グループが存在している。ヒンドゥー教徒はこれらどの社会においても、それぞれの地の文化的要求に合わせて自分たちの宗教を変えてきたが、どこのヒンドゥー教徒も、さながら入り組んだ詩のように豊かな伝統を共通の核としている。

仏教、儒教、道教、キリスト教、イスラーム教や、その他世界の現存する大多数の宗教とはちがって、ヒンドゥー教には特定の開祖というものが存在せず、むしろそれは、多くの宗教的信仰や哲学学派が一つに合流してできたものである。インドの地に何世紀にもわたって花咲いたさまざまな学派の考えや教理に、もともとヒンドゥーというラベルが貼られていたわけではないし、ヒンドゥー教と呼ばれる宗教があったわけでもない。そもそも〈ヒンドゥー Hindu〉という言葉が用いられるようになったのは、ペルシア人がシンドゥー Sindhu 河の対岸に住む非イスラーム教徒を一括して呼ぶのに、誤ってヒンドゥーと発音したことによっている。

その後何世紀にもわたって、アラブ人、トルコ人、アフガニスタン人、ムガル人など――すべてイスラーム教徒である――が、ただ便の良さからヒンドゥー教という言葉を用いてきた。彼らの世界観からすれば、イスラーム教の信者と〈その他大勢〉がいるだけであった。したがってヒンドゥー教徒というのは、〈その他大勢〉という意味をあらわしているにすぎず、ヒンドゥー教というのも、非イスラーム教徒すべての宗教を指すものと見なされていた。けれども、〈その他大勢〉という言葉で一括された人たちがすべてヒンドゥー教徒だったわけでないことは、言うまでもない。

初期のヒンドゥー教は、西北インドのインダス河流域の宗教と、ヒンドゥークッシュ山脈を越えてペルシアからインドに侵入してきたアーリア人の宗教を一つに結び合わせてできあがった。その後ヒンドゥー教は、偉大なヒンドゥー教典の著作と解釈を通じてより堅固な基盤を育てていったが、ヒンドゥー教には、外国人からの多年にわたる挑戦の結果として発展してきた側面もある。インドは、アラブ人、トルコ人、アフガニスタン人、ムガル人、イギリス人など、外国の侵入者によって繰り返し征服と統治にさらされてきたが、これら侵入者たちの独自の文化と宗教が、ヒンドゥー教の観念や原理に影響を及ぼしてきたのである。とはいえインドは、そうした多くの影響や変化にもかかわらず、やはり芯から〈ヒンドゥーたること〉を失うことはなかった。

聖なる河のほとりの霊場まで旅をしてやって来たヒンドゥー教徒の一家のために、司祭がその安寧を祈って儀礼を営んでいる。見られるとおり、儀礼には火、花、鐘、さまざまな容器など、どれも欠かすことはできない。

神々と教典

ヒンドゥー教は、はじめから、その信徒が多数の神々を信ずる多神教の宗教であった。ヒンドゥー教の神々はその数数千と見る者もいれば、小さな神々は無数に存在するが、実際にはヒンドゥー教の中心に、ただひとり真実の神〈ブラフマン Brahman〉がいるだけだと言う者もいる。ブラフマンは、唯一者、究極の実在、世界霊魂などとも呼ばれる。この解釈によれば、ヒンドゥー教のなかに伝統的に見いだされる多くの神々は、実際にはブラフマンの一部をなしている。

ヒンドゥー教徒は、おびただしい数の聖典に耳を傾けたりこれを読んだりすることによって、自分たちの多くの神々の話を知るようになった。彼らはユダヤ教やキリスト教のバイブルだとかイスラーム教のコーランといった、何か単一の聖典に含まれる教えに従ったことはない。二〇世紀の初頭に、古代ヒンドゥー教の文献を研究している西洋の学者たちが特別の一冊としての〈ヒンドゥー教典〉を取り出そうとして、『バガヴァッド・ギーター Bhagavad-gītā』こそがその聖典だとすることに成功しつつあると信じたこともあったが、比較的最近の学者たちは、どれか単一の書物が最も重要だということはないと考えている。ヒンドゥー教徒はいくつかの著作を聖なるものと認めており、そのどれもがヒンドゥー教の基本的信仰にひとしく寄与しているのである。

ヒンドゥー教の教典には、主として二つのカテゴリーがある。〈シュルティ śruti〉すなわち〈聴いて得たもの（天啓聖典）〉と、〈スムリティ smṛti〉すなわち〈伝統もしくは記憶さるべきもの（聖伝文学）〉とがそれである。『ヴェーダ Veda』と『ウパニシャッド Upaniṣad』は、シュルティのカテゴリーに入る。これら聖なる著作は神からの霊感にもとづくもので、〈リシ ṛṣi〉と呼ばれる古代の聖仙たちを通じて人類に啓示されたものだと考えられている。

シュルティのテキストは、どれもがヒンドゥー教の基盤の重要な一部をなしている。四つのヴェーダ聖典が、最古のテキストとして、ヒンドゥー教第一の教典となっている。これらの書物に正確な年代を割り当てることは困難である。というのも、多くのものが数世紀にわたる口承の伝統を通じて少しずつ編み上げられてきたからである。それらが文字に記されるようになったのは、それらがこの世に現われてずっと後になってからのことでしかない。四ヴェーダの一つには、神々への讃歌、詠唱、頌歌が収められ、また別の一つは、儀礼や祭祀の手引書として用いられ、さらに別の一つには、祝福や呪いとして用いることのできる呪術やまじないの情報が盛られ、そして最後の一つには、儀礼を執り行うときの詠唱用の旋律が記されている。この四つのヴェーダ聖典は、ひと纏まりの聖典としてヒンドゥー教に深い永続的な影響を及ぼしてきた。祭儀書『ブラーフマナ Brāhmaṇa』は、『ヴェーダ』の後に編まれたテキストであり、これには祭火による供犠を執り行う際の決まった手順の詳細が記されている。森林書といわれる『アーラニヤカ Āraṇyaka』は、さらに『ブラーフマナ』の後からできたもので、儀礼の意義のみを強調している。

シュルティ文書の最後のものに当たる奥義書『ウパニシャッド』が書かれたのは、およそ紀元前七〇〇年から五〇〇年の間である。〈ウパニシャッド upaniṣad〉という言葉には、秘密の教えを伝授してくれる精神的導師・グル guru の〈近くに坐する〉という意味があり、『ウパニシャッド』は、ほとんどすべてが学生と教師の対話という形式で書かれている。実に、『ウパニシャッド』の教えの多くは、ヒンドゥー教を支える恒常不変の要素となるべき定めにあった。なかでも最も重要なのは、業〈カルマ（カルマン）karman〉（人間の行為は、やがて今生もしくは来世で、一つの結果を結ぶであろうこと）、輪廻〈サンサーラ saṃsāra〉（生まれ変わり、ないし霊魂が果てしなく誕生・再生を繰り返すこと）、そして解脱〈モークシャ mokṣa〉（果てしなき輪廻からの解放）である。またこれに加えて『ウパニシャッド』では、個人の魂〈アートマン ātman〉と宇宙の魂〈ブラフマン brahman〉の性質や、両者の関係の性質などが問われた。これらの問題は、ヒンドゥー教の発展と実践において重要な役割を果してきた。

シュルティ（天啓聖典）のテキストは、その聖なる起源のゆえに、いま一つのクラスの文書スムリティ（聖伝文学）よりいっそう神聖なものと考えられている。『ヴェーダ』と『ウパニシャッド』に続く作品は、すべてスムリティである。これには、二大叙事詩、プラーナ purāṇa、スートラ sūtra、シャーストラ śāstra と、神への献身的な信愛〈バクティ bhakti〉の歌、などが含まれている。

インドは『マハーバーラタ Mahābhārata』と『ラーマーヤナ Rāmāyaṇa』という二つの偉大なスムリティの叙事詩を誇っており、どちらも、ヒンドゥー教の思考に著しい影響を与えてきた。これら二つの叙事詩には、何世紀にもわたって多くの層が付け加えられてきたため、いずれも、たび重なる変化をこうむってきた。

十万におよぶ頌を含む『マハーバーラタ』は、おそらく史上最長の叙事詩であろう。ヒンドゥー教の伝統によれば、賢者ヴィヤーサ Vyāsa が幸運と知恵の神にして学問の守護神でもある象頭神ガネーシャ Gaṇeśa に口述筆記させたのだという。それは、戦いに巻きこまれた二つの家族の物語で、ヒンドゥー教の重要な聖典の一つでクリシュナ Kṛṣṇa 神についての一つの重要な物語『バガヴァッド・ギーター』をも含んでいる。

いま一つの偉大な叙事詩『ラーマーヤナ（ラーマ行状記）』は、ヴィシュヌ神 Viṣṇu の七番目の化身、ラーマの物語を告げている。『ラーマーヤナ』は、結婚の誓いへの忠誠、兄弟間の愛情、そして人間の信義などの理想を描いている。このテキストの最古の部分ができたのはおよそ紀元前三五〇年頃にまで遡るが、この作品の全体が編纂されたのはずっと後になってからである。『マハーバーラタ』も『ラーマーヤナ』も、二千年以上にわたってヒンドゥー教の哲学に影響を与えてきた。

〈きわめて古いもの〉を原義とするプラーナも、やはりスムリティ文書に属している。これはサンスクリット語で書かれた詩の集成で、ヒンドゥー教で最もよく知られた神々の物語や、古代の英雄たちの生活を告げている。そこには天地創造の物語、神々や有名な賢者たちの肖像、そして〈マヌ Manu〉と呼ばれる半神たちの治世の説明などが含まれている。またそこでは、この世の終り、この世の再生、人類の歴史、そして古代王朝の伝説などについても語られている。プラーナは庶民の

『ヴェーダ』といわれるが、それは、ヒンドゥー教徒ならほとんど誰もが理解できる物語を通じて、伝統的宗教と歴史の資料が示されているからである。

教典の形式でいま一つのポピュラーなものは、信愛〈バクティ〉文書である。この神への献身と絶対帰依の歌が生まれたのは、インドの南部と北部の両地域においてであるが、それは、そこにおいて教師たちが、守護神に対する帰依者たちの愛と、守護神からのそれに対するお返しとしての愛を、強調したからである。バクティ運動は庶民の言葉でヒンドゥー教の男性神、女性神への讃歌を歌う詩人・賢者を数多く輩出した。すでに西暦紀元六世紀にはこうした献身的讃歌が多くの寺院で歌われていた。今日でも多くのヒンドゥー教徒がバクティ讃歌を書き、かつ歌っている。

ヒンドゥー教典とそれに含まれる物語は、ただヒンドゥー教徒の日常生活を導いているだけではなく、家族や社会の宗教的水準を保つのにも役立っている。これらのテキストやそれの解釈などから、ヒンドゥー教徒は自分たちの礼拝と信仰のシステムを発展させてきたのである。

ヒンドゥー教の礼拝と信仰

ヒンドゥー教を構成しているのは三つの主要な宗派であるが、それらは、神、宇宙、人間の状態などについてのたがいに異なった観念に基づいている。三つの宗派は、シヴァ Śiva、ヴィシュヌ Viṣṇu、シャクティ Śakti の三大神に代表されるところから、それぞれ、シヴァ派、ヴィシュヌ派、シャクティ派と呼ばれているが、これらは、それぞれの信仰を通じてたがいに緩やかに結ばれている。つまりこれらは、たがいに異なる多くの道が、それぞれ独自の筋道を通じて、ヒンドゥー教の同じ一つの究極の目標である解脱〈モークシャ〉に、すなわち、この物質的世界に対して人々がいだいている執着からの解放に到るのだと認めたうえで、どの宗派も、解脱と引きかえに与えられる、ブラフマンという宇宙の魂との愉悦に満ちた一体化に到るための、それぞれ独自の方途を示しているのである。

いくつかの重要な儀礼、信仰、伝統が、この宗教に活きた力を与え、ヒンドゥー教の諸宗派を一つにまとめている。それは、〈プージャー pūjā〉という日々の礼拝・供養、〈ダルマ dharma〉という家族と社会にかかわる義務、〈サンスカーラ saṃskāra〉という通過儀礼、輪廻〈サンサーラ〉という代々を経て霊魂が再生したり再来したりするという信仰、そして解脱〈モークシャ〉という物質的生存からの最終的解放など、である。

ヒンドゥー教徒は、大神もしくは家族の守護神に毎日礼拝・供養を捧げる。そのために彼らは、家庭の礼拝室の神聖な一角でプージャーを執り行う。プージャーの儀礼は、ヒンドゥー教徒に自分たちの神についての意識と、個人としての自分の務めについての自覚を保たせる。

プージャーを行う最も気高い環境は寺院である。寺院は神の館として、人間と神とを結ぶ環をなしている。寺院はまた、社会的、芸術的、知的ならびに宗教的な行事のセンターでもある。ヒンドゥー教徒にとって最も本質的な点であるが、寺院はこの世からあの世への移行の場なのである。

早くもヴェーダの時代には、ヒンドゥー社会は職業に従っておよそ四つに区分されていた。ヒンドゥー教徒の生活のこの基本部分は〈カースト制度〉として知られている。ヒンドゥー教徒のカースト制度は、義務をめぐる古代の宗教的な法を意味する〈ダルマ〉によって支えられていた。ダルマは個々のカーストに、社会のうちでいくつかの義務を果たすよう命じた。個人はカーストのメンバーとしてそうした義務を担う責任があった。そうした義務を怠ることは、一つの罪として、宇宙における生命（いのち）のバランスを覆すことになるとみなされた。昔のヒンドゥー教徒も、今日の多くのヒンドゥー教徒と同様に、誰もがそれぞれの義務を断固として踏み行ったならば、世界のバランスが保たれて人類は平和に暮らすことができるだろうと、信じたのである。

かなり最近になって、人々にカースト制度を尊ぶよう促してきた法律が緩やかになったため、現

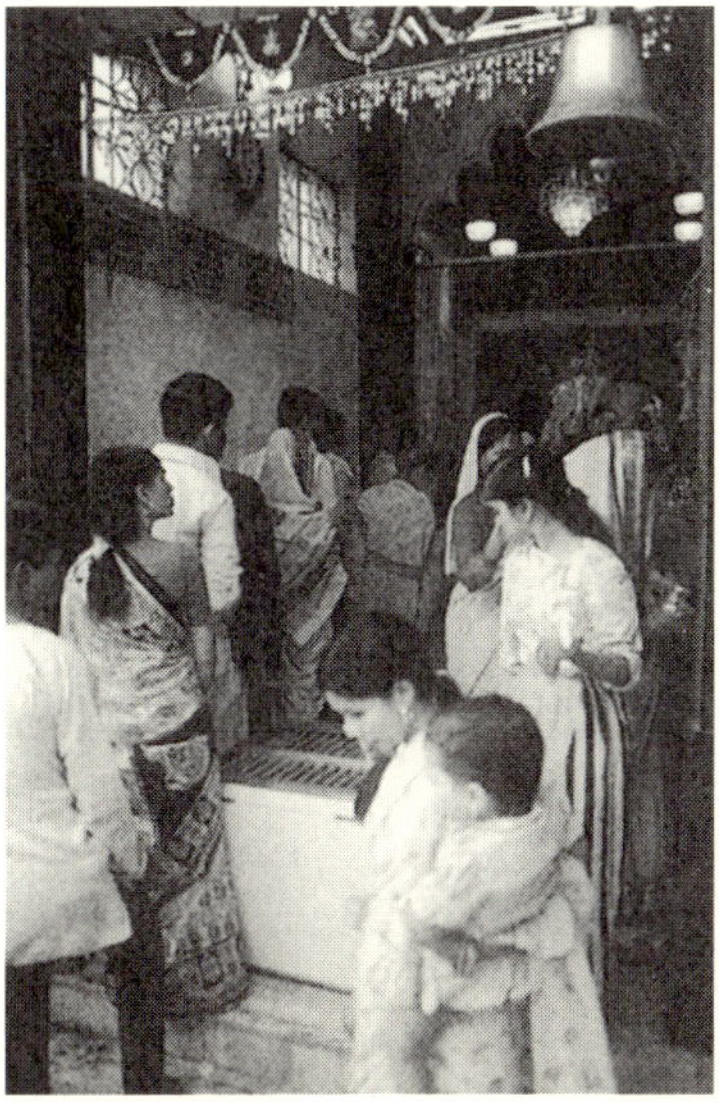

象頭神ガネーシャをお祀りしている小さなお宮に、信者たちが集まってくる。御本尊が、高い台座のうえから信者たちに目を光らせている。信者たちは、上部右手の鐘を鳴らして、お宮に入ってくる。

代のダルマは、社会への義務よりむしろ家族への義務の方に重きを置くようになってきた。今日では家族のまとまりがとりわけ神聖なものと考えられており、家族への務めを果たすことが、それ自体、一つの宗教的義務だとされているのである。

どの家族の内部でも、また社会のどこにおいても、個人の生活は、子供時代、青年期、中年期、老年期の四つの段階に分けられている。ヒンドゥー教徒は妊娠の瞬間から死の時に到るまでのこれら重大な移行を遂げるために、伝統的な通過儀礼であるサンスカーラを行う。死と死後の生活への通過儀礼をも含めて、どの通過儀礼も家長の手によって家庭で執り行われる。伝統によれば、家族のメンバーは誰も、家族と社会と究極的には宇宙における聖なる秩序を維持する責任があり、そうした通過儀礼の祝いはそうした秩序を支える一部となっている。（妊娠と誕生、入門に際してのグルへの紹介、結婚、火葬などの）基本的儀礼を宗教的に遵守することは、ヒンドゥー教徒を解脱という目標に導く道の一部と信じられているのである。

ヒンドゥー教徒は、解脱の追求を通じて、究極の実在〈ブラフマン〉と精神的に一体化するという究極の目標を分かち合う。このように、ヒンドゥー教徒は物理的世界を非現実の世界と考え、心と精神の世界だけを現実の世界と見なしているのである。解脱に到達しようと、ヒンドゥー教徒はそれぞれの生活の中で内なる平安と内なる調和を求める。ヒンドゥー教徒は、自分たちの行いはどんなものも、やがてこの世か来世で、きっと何らかの結果を結ぶと信じている。この観念はカルマンの法則と呼ばれて、ヒンドゥー教徒の行為を支配している。

信者たちが五感を総動員して、プーシャーと呼ばれる儀礼を営んでいる。素焼きのランプに灯された火が視覚を、鐘の音が聴覚を、香りの高い花や葉が嗅覚を、儀礼の品々が触覚を、そして祝福された食物のお下がりが味覚を、呼び覚ますのである。

ヒンドゥー教徒は、人間の努力や行いはすべてカルマンの法則に従っているのだから、この功利主義的な物質的世界のなかで何かを成就したいという欲望など、いっそ消去してしまおうと考えている。この物質的世界で何かを成就することに重きを置けば、いつかまた地上に生まれたり、いつかまた地上で暮らしたりする備えをしていることにしかならないからである。そのような努力は、この世の物質的生存からの解放には決してつながらない。解脱に達するためには、この世で何かを獲得しようとする行為によるのではなく、神と一体化した自己の体験に、つまり宇宙的実在（ブラフマンすなわち梵）と自己（アートマンすなわち我）との一体化を意味する〈梵我一如〉の体験に、よるしかない。

これから見ていくように、ヒンドゥー教は人間の聖なる豊饒性や、人間の精神的かつ創造的な力を讃えている。ヒンドゥー教は徐々に花開いて、寺院の聖なる空間のシンボリズムや、審美的感覚に訴える礼拝のシンボリズムなどを形成していく。ヒンドゥー教は、究極の実在と一体化できる時がやって来るのだという信者の信仰と結びついて、力強く成長を遂げていくのである。

2　ヒンドゥー教のルーツ

ヒンドゥー教は昔から今日あるような複雑な宗教であったわけではない。それは、インドのインダス河流域の人たちとペルシアのアーリア人という二つの主要なグループの信仰と実践の混淆として、徐々に発展してきたものである。これらのグループは、実際はいずれも、ヒンドゥー教徒ではなかった。彼らが生存していた時は、ヒンドゥー教など存在していなかったからである。むしろヒンドゥー教は、彼らの宗教的実践、宗教的文献、そして社会秩序を目指す宗教的システムなどから、少しずつ発展してきたのである。

ヒンドゥー教の初期の段階についての私たちの知識は、主として考古学の知見とヒンドゥー教の最古の聖典ヴェーダから来ている。考古学の資料はアーリア人の侵入前後のインダス河流域文明を知るうえで役に立ち、それらは、当時の人々の日常生活についてはもちろんのこと、彼らの精神生活についても教えてくれる。またヴェーダ聖典は、初期のヒンドゥー教の信仰や、儀礼や、神々などの中心を占めているうえ、文明の歴史そのものにも寄与している。

歴史的証拠からもわかるように、初期のヒンドゥー教の宗教的観念が発展を遂げて明確なものになったのは、アーリア人の侵入前後の時代であった。宗教は、インダス河流域の生活の中心部分をなすものとして、社会構造を決定するのに、言い換えるなら、個々人の行動様式や交流様式を決定するのに役立った。社会的観念と宗教的観念を問わず、そうした古い観念の多くが、今なおヒンドゥー教の基盤の一部になっている。

インダス河流域文明

およそ五千年前、現在のパキスタンと西北インドのインダス河河畔で、一つの活きいきした文化が花開いた。インダス河流域の人々は計画の行き届いた村のレンガ造りの家に暮らしていた。彼らは食物の栽培に長じており、野牛、山羊、羊、豚、犬なども飼育していた。彼らはまた綿花も輸出しており、彼らの快適な文明は、豊かな農耕・牧畜経済のうえに築かれていた。

インダス河は、清潔、秩序、安定に大いに関心をもったある強力な支配階級が治めていた。考古学の知見からもわかるように、インダス河の生活にとっては、衛生上の清潔と儀礼上の清浄がとりわけ重要な意味をもっていた。インダス河流域の村の各家には排水溝つきの浴室があったし、公共の場では公衆浴場の跡地も多く見つかっている。

インダス文明の主要な都市の一つ、モエンジョ・ダローには、公共の建造物の中心をなすものとして「大沐浴場」があった。「大沐浴場」には四方からステップを下って入る大きなタンク（水槽）

インドの都会や町では、あたりをぶらつく牛の姿がどこにでも見られる。牛や水牛が神聖視されるのは、牛が、ミルクやチーズなど人間に食物を与えてくれるばかりか、牛がクリシュナ神の仲間でもあったからである。水牛も、インダス河流域文明以来、神聖な動物と見なされてきた。牛や水牛を殺すことは罪とされ、牛の肉をたべることは神聖冒瀆の罪に当る。

があり、その周りには、個人用の沐浴のための特別室がズラリと並んでいた。このような部屋と大きなタンク（水槽）は、今なおヒンドゥー教寺院に共通の特徴となっている。

　インダス河流域の人たちの宗教生活についての情報は、そのほとんどが彼らの遺した加工品から来ている。その中には、考古学者がモエンジョ・ダローやいま一つの主要な街ハラッパーで見つけた、数多くのテラコッタの人物像や印章などが含まれている。これらの遺物は、インダス河流域の人たちの工芸技術と並んで、その信仰についても情報を与えてくれる。その人物像や印章などから、この人たちが、豊饒性や、生殖の力や、若干の聖なる動物たちを讃えていたことが、わかるのである。

　ハラッパーやモエンジョ・ダローで見つかった印章がどのように用いられていたのかは、不明である。印章に描かれている情景の多くが、性の力や人間の創造性が帯びている聖なる性質に、関わりをもっている。学者たちの指摘によれば、その用途が何であれ、これらの印章はこの二つの街で生み出された仕事の質の高さを証明している。テラコッタの人物像はその数がきわめて多いので、ほとんどどこの家庭でも、これが安置されていたのではないかと思われる。その技術は、インダス河流域で見つかった他のいくつかの小さな彫刻や印章に比べると、むしろ素朴なものであることが多い。それらの小立像にはどこか洗練されないところがあるので、熟練した職人が上流階級の人たちが用いるように造ったものというより、むしろ普通の人が自分で使うために造ったものとも考えられる。

この時代に始まる最もよく見られる小立像は、いわゆる〈地母神〉と見られるものを表わしている。こうした小立像のほとんどすべてが、豊饒性と母性をめぐるある種の観念を伝えてくれる。これらは、大きなお尻と小さな胸と、管のような形をした手足と、豊かな宝飾品と手の込んだ頭飾りとを備えた、女性の姿をしている。小さな子供の姿がお尻のうえや胸のところにのぞいて見えることもあれば、丸くふくらんだおなかから妊娠が示唆されていることもある。

こうした人物像を思いついたのは、母性や豊饒性や生命の連続性などへの、畏敬の念からであったと思われる。おそらくこういう感情は、人々の生存と福祉が自然の豊かな恵みに基づいている、インダス河流域社会のような初期の農耕社会の内部では、まれなものではなかったであろう。また、だからこそ、インダス河流域の初期の宗教的関心は、豊饒の女神を中心としたものになったのだとも思われるのである。

ハラッパーから見つかった他のものも、インダス河流域の人たちにとっては人間の性的力と生殖がとりわけ神聖なものであったという考えを、支持してくれる。例えばあるものには、何か聖なる儀式に関わっている雄牛と様々な動物や、同じく何か聖なる儀式に関わっている雄牛と女性の姿などが描かれている。雄牛は男性性と性的力のシンボルと信じられており、インダス河流域で最もよく見られる図柄のモチーフとなっている。様々な考古学上の遺跡で見つかった二千点以上におよぶテラコッタの印章やその押印では、雄牛の姿が他の像を圧倒している。

インダスの人々は、性的力の神聖性を表現するのには人間の姿はふさわしくないと考えていたようである。インダスの美術品においては、人間のかわりに、力と生命力において人間以上だと信じられていた動物が、聖なる高みに引き上げられた。そうした動物の性的多産性を讃えることは、また同時に、人間の性欲を讃えることをも意味していたのである。

印章に描かれたあらゆる動物が聖なるものと考えられていたわけではないが、雄牛の重要性はその後のヒンドゥー教の神話のなかにまで尾を引いており、そこでは雄牛がヒンドゥー教の重要な神、シヴァに結びつけられている。シヴァ神は、豊饒の神にして獣の王でもあり、三つの顔をもつもの

インダス河流域で発掘されたものと類似の豊饒の女神像。このような女神像は〈太母神〉像と呼ばれる。インダス川流域の典型的な女神像は、頭には手の込んだ被り物をかぶり、手足は管のように細長い。

として描かれることもある。

ハラッパー文化の聖なる印章のうちでも最も人目を引くものの一つに、シヴァ神とそっくりな、角の生えた神を描いたものがある。ハラッパーの印章では、この神は、両足裏をぴったりと合わせたきわめて形式ばった姿勢で、それもおそらくは、瞑想のポーズをとって坐っている。両腕は体から離して親指だけを膝に立て、他の指は下に向けている。彼は手の込んだ飾り物と、一対の水牛の角とその真ん中の植物様のものとからできた、風変わりな被り物とを身につけている。そして彼の周りを、象、虎、犀、水牛という四頭の野生の動物が取り囲んでおり、その足下には二頭の鹿がいる。周りの動物と、被り物に生えた植物様のものは、彼が豊饒の神であることを示唆している。頭の左右には、シヴァ神のそれのように、第二の顔と第三の顔を表わしていると信じられている小さなふくらみがついている。

インダス河流域のもろもろの加工品から、ヒンドゥー教の最初の基盤になったと思われるライフスタイルや聖なる信仰について、いささかの洞察を得ることができる。さらにまた、インダス河流域の文明は穏やかなもので、それが一千年以上にわたって途切れることなく続いたことも知ることができる。インダス文化のこの安定性は、一つには、そこに住む人たちの内面性の強さによるものであったが、また一つには、この人たちの、新しい観念を受け入れる能力によるものでもあった。

インダス文明がそんなにも長く、平和で、快適な期間を経たのちに、どうして崩壊してしまったのか、その理由はよくわからない。二つの可能な原因として、学者たちは気候の変化と、インダス

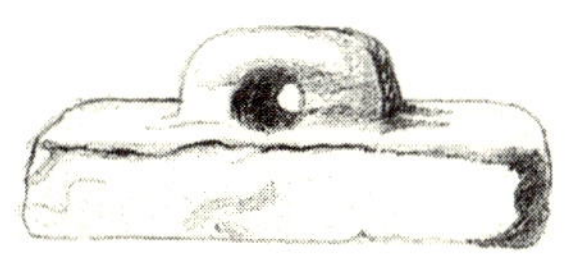

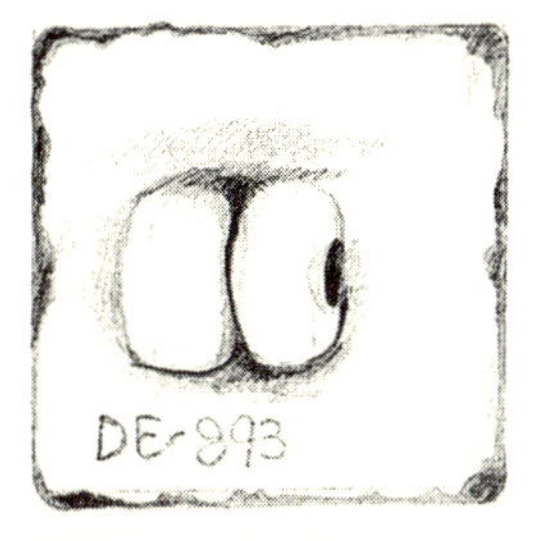

水牛の姿が彫られた印章の、横、上、裏から眺めた三面の図。こういう印章が何千点も発掘されている。発掘された印章のほとんどには、力と男性性の強力なシンボルとして、水牛の姿が描かれている。

ここに描かれているのは、インダス河流域文明のテラコッタ像に見られる、手の込んだ頭被りである。

河とその支流の絶えず変わるコースに注目している。ペルシアを通って東ヨーロッパのステップ地帯からアーリア人が侵入してきたことも、いま一つの重要な原因と考えられる。

アーリア人（インド・ヨーロッパ語族）の侵入

アーリア人は、東ヨーロッパのステップ地帯から外部に向かって移住した数多くのインド・ヨーロッパ語族の一つであった。アーリア人の部族の中には、アフガニスタンの山岳地帯を越えてパキスタンと西北インドにまで旅を続けたものがいた。四千年以上も前に、彼らはそこでインダス河流域文明に出会ったのである。

アーリア人は、馬に牽かせた二輪の戦車に乗ってパキスタンと西北インドにまでやって来た、半分遊牧を営む戦士たちであった。彼らはインダスの人たちのそれとは鋭い対照を見せる文化をもち込んだ。彼らは青銅器の制作には長けていたが、よく計画された城砦都市や農業や牧畜などには興味がなかった。アーリア人の建築や高度で複雑な工芸などを示すものは何も見つかっていないが、この社会で製造された、高度な技術の施された金属製の武器なら、古代文明の研究者たちの手で発掘されている。

一般にアーリア人の文学が作られたのは、アーリア人がインダス河流域に移住してからのことである。この文学には、アーリア人がインダスの人たちに出会ったときのことがはっきり反映している。例えば彼らの物語のなかには、奇妙な宗教的儀礼に耽った〈ダーサ dāsa〉と呼ばれる、神をも畏れぬ民族を打ち破ったときの様子を描いたものがある。

アーリア人は家父長制をしいて、男性神を崇拝していた。彼らには女神崇拝は知られていなかったのである。彼らの主要な神といえば、〈インドラ Indra〉、〈ヴァルナ Varuṇa〉、〈アグニ Agni〉など、太陽と結びついた神々であった。アーリア人の司祭は、自分たちの神々を讃えた讃歌を作る詩人でもあった。彼らの讃歌は、天界と地界とその中間領域の空界の神々をなだめるための、祭火による供犠を営む際に歌われるものであった。

アーリア人がインダス河流域に達したころには、インダスの文化はすでに混乱のきざしを増しはじめていた。とはいえ、アーリア人は衰退しつつあった文化的世界のなかに入ってはいかなかった。インダスの地母神崇拝や、性的力のコントロールや、儀礼の清浄性など、多くの重要な宗教的要素がインダス河流域の文化のなかにまだ根強く残っていたからである。

はじめアーリア人は、非アーリア系の宗教的伝統を無視していたが、後になると、インダスの宗教のなかでも自分たちの宗教が同調することのできる要素のいくつかを、採り入れていった。このようにして、インダスの人々とその信仰が少しずつアーリア文化と融合していった。その結果生まれたのは、構造のうえではアーリア文化であったが、そこには非アーリア系の土着の信仰や習慣が数多く採り入れられていたのである。

ヴェーダ聖典とヴェーダ期

『ヴェーダ』は、ペルシアから西北インドに向かって移住してきたアーリア人によって生み出された。ヒンドゥー教そのものと同じで、これらの聖典は多くの文化的ならびに年代期的な層を重ねてきた。ヴェーダの思想のなかには、その歴史がとても古いため、紀元前一五〇〇年のアーリア人のインド移住より前の、イラン起源のものを反映したものもある。また『ヴェーダ』の観念のなかには、アーリア人がインダス河流域に暮らしている間に発展したものもある。この比較的古いテキストの内容は、アーリア人がインダス河流域のさまざまな文化を支配するようになったときに、みずから吸収したものである。『ヴェーダ』は、ヒンドゥー教の中心をなす最古の聖典として、四つの『ヴェーダ』が存在している。『ヴェーダ』は、これを作った人たちについての歴史的、社会的、宗教的、ならびに言語的な情報を数多く提供してくれるが、また同時に、ヒンドゥー教の多くの宗教的概念に一つの基盤も提供している。

〈ヴェーダ veda〉とは〈知識〉を意味する言葉であるが、ヴェーダ聖典が含む知識には神聖な起源があって、それらは、造物主ブラフマンから霊感を通じて一群の聖仙に啓示されたのだという。これらの聖仙〈リシ〉には、この聖なる恵みを人類に伝える責任があった。

何世紀にもわたって、『ヴェーダ』は師から弟子へと口伝を通じて受け継がれてきた。アルファベットが導入されたときでさえ、『ヴェーダ』を文字に移すことには大きな反撥があった。〈バラモン Brahmin〉と呼ばれる司祭たちは、『ヴェーダ』の聖なる讃歌の力はこのテキストを耳で聴くという伝統のうちにこそあると信じていたので、そうした讃歌の名称に〈聴いて得たもの〉という意味の〈シュルティ〉という言葉を当てていた。バラモンたちによれば、書き記された言葉から『ヴェーダ』を記憶しても、たいした宗教的力は得られないとされていたのである。ところが、やがて保存のために、これら聖なる讃歌は、私たちが現在〈ヴェーダ語 Vedic〉と呼んでいるサンスクリット語の一つの古い形で書き記されるところとなった。

『ヴェーダ』は全部で四編ある。『リグ・ヴェーダ Ṛg-Veda』とが讃歌の断然最古の集成である。その起源を正確に特定することは不可能であるが、学者たちはその起源は紀元前五〇〇〇年から紀元前九〇〇年の間にあると推定している。現存の記述されたテキストは、少くとも紀元前三〇〇年までには存在していただろうと推定することができる。

『リグ・ヴェーダ』には神々への讃歌と賞讃が含まれている。紀元前七〇〇年頃に編纂された第二の『ヴェーダ』は、『ヤジュル・ヴェーダ Yajur-Veda』と呼ばれている。これには『リグ・ヴェーダ』のテキストのヴァリエーションが含まれているが、これに加えて、供犠を営んだり、祭壇を設けたり、儀礼に用いる章句を詠唱したりするための詳細が含まれている。要するにこれは、バラモンたちの手引書となっているのである。

あと二つの『ヴェーダ』である『サーマ・ヴェーダ Sāma-Veda』と『アタルヴァ・ヴェーダ Atharva-Veda』には、『リグ・ヴェーダ』の重要な部分が含まれており、いずれも、祭祀を行う際の補助的ガイドラインとなっている。とはいえこれら二つの『ヴェーダ』には、たがいに異なった点も含まれている。例えば、『サーマ・ヴェーダ』の何部かは、ある種の野生の茸によってもたらされる酩酊状態と類似の、未発見の刺激物からそれへの崇拝が生ずるという、熱狂と陶酔の酒神〈ソーマ Soma〉への供犠を中心にしているが、『アタルヴァ・ヴェーダ』の讃歌は、むしろ呪術、まじない、呪文などにいっそう多く関わっている。これらは次の二つのカテゴリーに入る。すなわち、媚薬や万能薬や祝禱のような、癒しの性質や薬効の性質をもったものと、敵のうえに災いや病気を招き寄せるといった否定的性格をもったものとが、それである。

ヴェーダ初期の宗教は神的な力を中心にしていた。〈デーヴァ deva〉と呼ばれる神々が、神的力の相集うパンテオン、万神殿を構成していた。神々の数は重要ではなく、むしろ大切なのは、神々の職能であり、神々が自然現象や自然の出来事と手を結ぶときのその仕方であった。神々はその主たる活動場面、すなわち天界、空界、地界に従って、天界の神々、空界の神々、地界の神々に分類された。

天界の神々

ヴェーダ期の人々は天界の神々を数多く信じていた。宇宙の理法の擁護者〈ヴァルナ Varuṇa〉、ヴァルナの第一の侍者にして人類の友でもあれば恩人でもある〈ミトラ Mitra〉、太陽の物理的側面を象徴する〈スーリヤ Sūrya〉、そして太陽の、生命を鼓舞する力を象徴する〈サヴィトリ

Savitṛ〉などである。

天界の神々を地上に招き、天界の神々を祈りと礼拝の場に誘うために、初期のヒンドゥー教徒は儀礼を行った。神には供物と讃歌を捧げた。供犠の典型的な讃歌には、相手の神に応じて、また相手の神と自分との関係に応じて、親しみや敬意や恐れのこもった調子で捧げられる、神への勧請の祈りや呼びかけが含まれていた。次にかかげるのは、天界の神ヴァルナに捧げられたそうしたヴェーダ讃歌の一つである。

恕(ゆる)して下さい、恵み深き主よ、恕して下さい、私たち死すべきものが、
神々の民にどんな罪をおかしたとしても。
愚かにも、私たちが神意に逆らったとしても、神よ、
あなたの怒りによって私たちを亡ぼさないで下さい。

（『リグ・ヴェーダ』Ⅶ・八九）

ヴァルナはヴェーダ初期には最も重要な神々の一人であった。彼は道徳的行為の監視者であり、彼の指図が宇宙的、道徳的、宗教的秩序の規準となった。この秩序は天則（宇宙の理法）〈リタ ṛta〉と呼ばれている。ヴァルナは世界を創造し、天則リタに則って世界を治めていた。天則リタは、また同時に、天界の他の神々に対しても一つの構造を準備した。

ヴィシュヌは、ヴェーダ初期には天界の神でも従属的な地位にあったが、後に、ヒンドゥー教の三大神の一人となる。『ヴェーダ』におけるヴィシュヌの著しい特徴は、地界と空界をまたいで〈最高天〉にまで到る、その幅広き三歩にある。この三界を闊歩する能力は、後に主要な神々の一人と仰がれるにあたって一つの重要な要素となった。

空界の神々

ヴェーダ初期のヒンドゥー教では、天界の神々とならんで、また別の種類の神々をも信じていた。雷神〈インドラ Indra〉、風神〈ヴァーユ Vāyu〉、暴風群神〈マルト Marut〉、マルトの父神〈ルドラ Rudra〉など、空界の神々が存在したのである。

インドラは、その模範的戦士としての姿によって、絶大な人気と威信を誇っていた。じっさい彼は、ヴェーダ初期の神々のうちでは二番目に重要な神であった。彼の性格を解く鍵は、アーリア人に対して生命の糧である水の流れを堰き止めてしまう、悪竜〈ヴリトラ Vṛtra〉を退治したときの様子を描いた神話にある。インドラは、この神話上の仇敵を誅殺したばかりか、アーリア人にとっての現実の敵、インダス河流域の隷民〈ダーサ〉とも戦ったという。インドラは〈要塞粉砕者〉と呼ばれ、アーリア人の敵対者たちが立てこもる砦を打ち砕いたことで、今なお賞讃の的とされている。酒を呷っては英気を養い、今にも稲妻の矢を放たんとしているその姿によって、インドラは、アーリア人の戦士がかくありたいと願った理想の姿を表わしている。

男が自家用の〈リンガのお宮〉を引いて巡廻している。男女の生殖的力を表わした抽象的な形態が、インダス河流域文明の時代から尊ばれてきた。ここでは、道行くひとがお参りできるよう、そうしたリンガ像がその他の宗教的用具と一緒に廻ってきている。

暴風群神マルトの父神ルドラは、恩恵と破壊をもたらす性質によって恐れられていた。彼はまた、敵のうえに嵐を巻き起こすことで人々を災いから守る能力によって、讃えられたこともある。ルドラは、このヴェーダ初期には、従属的な神としてヴァルナとインドラの影にすっかり翳んでしまっていたが、その後のヒンドゥー教では、彼のもろもろの特性が、非アーリア系のインダス河流域の神にしてシヴァ神の初期の形態でもあるものの性質と混じり合って、ついには、ヒンドゥー教の三大神の一人となっていく。

3　ヴェーダ後期とウパニシャッド期

およそ紀元前九世紀の頃、アーリア人の部族は北インドの平原地帯をわたってガンジス河流域へとゆっくり移住を続けていた。紀元前七世紀の末頃には、アーリア人は非アーリア人に互してガンジス河流域をすでに占領していた。彼らは組織されて、いくつかの従属国家もしくは独立国家へと分かれていった。なかには、〈ラージャン rājan〉と呼ばれる世襲君主に統治される国もあれば、主として非アーリア系氏族のコミュニティー集団を保ったまま、それぞれの族長に統治される国もあった。従属国家に住む人たちは、多様な民族の複合体を形成していた。皮膚の色が白いアーリア人と、皮膚の色が黒いインダス河流域の人たちと、また皮膚の色が別のガンジス河流域の先住部族がいたのである。

アーリア人は、自分たちの占領した地域のまだ流動的な社会的序列のなかで、上層を占めていた。彼らの下には非アーリア人がいた。この階級区分は厳しく固定したものではなかったが、つぎの四つの階級のなかでは司祭の〈バラモン Brahmin〉が断然高い地位にいた。つまり、司祭階級の〈バラモン〉、その大部分が戦士であった統治階級の王族〈ラージャニヤ rājanya〉もしくは士族〈クシャトリヤ kṣatriya〉、職人や農民からなる庶民階級〈ヴァイシャ vaiśya〉、非アーリア系の原住民だったと考えられている奉仕階級〈シュードラ śūdra〉の、四つの階級がそれである。

こうした階級区分を信奉する〈カースト制度〉は、ヴェーダ聖典の讃歌からも支持と宗教的認可を受けていた。

ヴェーダ後期になると、アーリア人の世界観が少しずつ変化していった。ヴェーダ初期の主要神が重要性を失って、ヴェーダ後期の著作のなかでは、興味の的が、天界の神々や空界の神々から地界の神々へと移って行き、それと同時に関心も、供犠を行う儀礼の方にいっそう多く向かうようになったのである。初期ヒンドゥー社会で司祭のバラモンが力と重要性を得たのは、この時代であったが、人々はやがてバラモンの役割に疑問をもつようになり、すでに述べた、ヴェーダ期に続くウパニシャッド期になると、こうした疑問からさまざまな結果が生まれるところとなった。

ヒンドゥー教の宗教史は、ウパニシャッド期を通じて終始安定していたわけではない。初期には、成長と革新のダイナミックなプロセスが続いた。『ヴェーダ』の讃歌から『ブラーフマナ（祭儀書）』と『アーラニヤカ（森林書）』の編纂に到るまで、社会の激しい変化に従って一つの絶え間ない成長が続いた。ウパニシャッド期は、新しい観念、新しい思索、新しい知識で沸騰していた。人々はみずから同調できない信念を退けて、これに代わる解答を求めていたが、『ウパニシャッド』の教えは、人々のそうした反撥と探究で溢れており、思想のさまざまな学派がそうした態度に鼓舞さ

小さな村のお宮で、司祭が、〈リンガ・ヨーニ liṅga-yoni〉と呼ばれる〈男根・女陰〉像に水で薄めたミルクを注いで、潅頂〈アビシェーカ abhiṣeka〉の儀礼を営んでいる。リンガ像は、インダス河流域でたくさん見つかっている。これらの像には、あらゆる苦行者のうち最大の苦行者であるシヴァ神の苦行の力が産み出す、霊的な熱力〈タパス tapas〉がみなぎっていると見なされている。

れて新しく誕生した。

地上の神々と供犠の重要性

ヴェーダ後期には、供犠がヒンドゥー教の生活の重要な一部となった。その結果、火神〈アグニ Agni〉、供犠の神酒すなわち溢れ出るソーマ液の神、酒神〈ソーマ Soma〉、聖なる司祭にして祈禱主神でもある〈ブリハスパティ Bṛhaspati〉など、供犠に直接関係のある神々のみが、ヴェーダ後期の司祭たちの関心を集めた。この時期には、ヴァルナ、インドラ、および他の神々は、おざなりの供犠を捧げられたにすぎない。

この時期を通じて、ヒンドゥー教の宗教生活はしだいに火壇の周りで営まれる儀礼を中心とするようになり、こうした〈祭火による供犠〉と呼ばれる儀礼がしだいに複雑なものとなっていった。今や火こそが、神々と自然のあらゆる力の創造的起源をなすと信じられるようになった。祭火による儀礼には二種類あった。戸主もしくは司祭によって営まれる家庭祭事〈グリヒヤ gṛhya〉と、供犠の費用を負担するパトロンのために司祭が営む特別の天啓祭事〈シュラウタ śrauta〉とがそれである。シュラウタの儀礼では『ヴェーダ』の讃歌がバラモンによって詠唱された。シュラウタの供犠は複雑なもので、時とともにますます手が混んでますます複雑なものとなった。その結果供犠のお勤めは、何人かの司祭の手で手分けして行わなければならないほどになった。かつては神々への祝福を意味した供犠の行為が、しだいにそれだけで独自の力をもたらす行為と見なされるようになった。ヒンドゥー社会では、司祭がこのようにして、絶大な力を握るようになったのである。

司祭の営む儀礼がしだいに複雑なものとなるのに対して、家庭の儀礼グリヒヤの方は単純なままであった。グリヒヤでは、新月と満月、季節のめぐり、一年の最初の収穫などが祝われ、家屋の新築、息子の誕生、人生の重要な段階への移行といった、家庭の出来事が記念された。グリヒヤの儀礼は、司祭たちが何年もかけて練り上げた儀礼にしたがって、信仰あつき親の手で絶やすことなく保たれている家庭の炉火のもとで行うことができた。

シュラウタの儀礼とグリヒヤの儀礼の区別は、いずれも司祭の影響と管理のもとにあったため、しだいに曖昧なものになった。たしかにグリヒヤの儀礼は、家庭で営むことができたが、やはりまだ司祭から伝授され、司祭によって管理されていたのである。面白いことに、家庭の儀礼のほとんどは、ヴェーダ期から今日にいたるまで、ほとんど変化も推敲もなしに受け継がれてきた。とはいえ、もはや今日では、司祭がグリヒヤの儀礼を取りしきることはない。

祭火による供犠を営みながら、人々は自分の持ちものを神々に捧げた。供犠の最も重要な供物が祭火に付された。人々は火神アグニが火を通じて自分たちの供物を他の神々のもとに運んでくれると信じた。火神アグニは、火の神でもあれば供犠の火そのものでもあると信じられた。アグニは火の神として、人間が他の神々と関わることのできる仲立ちであった。

アグニよ、あなたはインドラ、存在する一切のものの雄牛です。
あなたは崇敬さるべき、闊歩するヴィシュヌです。
聖なる言葉を司る神（祈禱主神〈ブリハスパティ〉）よ、
あなたは最高の司祭です。

アグニよ、あなたはその掟の確固たる王、ヴァルナです。
あなたは、崇敬さるべき奇跡の主、ミトラです。
アグニよ、あなたはいと高き天界のルドラにして、かつまたアスラです。
マルトの群神として、あなたは［地界の］暮らしを支配しています。

（『リグ・ヴェーダ』Ⅱ・一、三、四、六）

供犠においてアグニは、他のもろもろの神を代表していた。アグニは神々への使者として、人類を神界に結びつけた。アグニは、火の様々な形をとることができたので、自然を通じて神界をあらわすものの一例と信じられた。

アグニは急速にはなはだ重要な神となった。アグニは、天界にあっては太陽であり、空界にあっては閃く電光であった。そして最後に、電光を通じて地界にもたらされ、自分がそこに潜む樹木から再び火となって燃え上がるのであった。シュラウタの儀礼が営まれる際には、それぞれ天界のアグニと、空界のアグニと、地界のアグニを象徴的に表わせるよう、三種類の祭火が保たれた。

ヴェーダ後期になると、供犠のまた別の要素も重要性を増した。とりわけ音響的要素と、反復的音響に伴う聖なる行為とが、供犠には不可欠のものとなった。供犠を捧げている間中、韻文の祈りで〈マントラ mantra〉と呼ばれる儀礼の咒句が朗唱された。咒句マントラは、ウパニシャッドの究極の実在ブラフマンの力を引き寄せて、これをつかまえるのだと信じられた。咒句マントラもしくは聖なる言葉は、その深い知恵とそこからしばしば発せられるその呪術的な力とによって、自然界以上によく知ることが重要になった。やがて聖なる言葉は、〈ことば〉を意味する女神〈ヴァーチュ Vāc〉という形をとって神格化されるところとなった。

ヴェーダの天界では、自己の場を得るために神みずからも供犠を営んだと言われている。初期ヴェーダは天地創造の物語によって知られているわけではないが、ヴェーダ聖典のなかでも最古の、最も重要な『リグ・ヴェーダ』の終りの頃になると、すでにそうした物語が育ってきていた。天地創造の物語では、同時にまた原人〈プルシャ Puruṣa〉としても知られる、造物主〈プラジャーパティ Prajāpati〉という神のことが、語られている。プラジャーパティは、自分の子供である神々によって生贄として捧げられた原人であった。『リグ・ヴェーダ』の一節「原人讃歌」は、宇宙を生み出したこの最初の宇宙的供犠の様子を描いている。

二人の司祭が、火神〈アグニ Agni〉を中心的要素として、天啓祭事〈シュラウタ・カルマン śrauta-karman〉を執り行っている。

神々が原人を犠牲獣として祭祀を実行したとき、春はその溶けたバターであり、夏はそれの薪であり、秋はそれの供物であった。

［世に］最初に生まれた原人を犠牲として、敷草の上に水を潅いで浄めた。かれをもって、神々は祭祀を行った。サーディヤ神族も詩聖たちも［同様に祭祀を行った。］

完全に献供されたその犠牲獣から、酸酪が集められた。それは、空中に住む獣、森に住む獣、村に住む獣どもをつくった。

完全に献供されたその犠牲獣から、もろもろの讃歌ともろもろの旋律とが生じた。もろもろの韻律はそれから生じた。祭詞はそれから生じた。

それから、馬ども、およびおよそ［上下の］二列に歯のある［獣ども］が生まれた。牛どもは、それから生じた。山羊どもと羊どもとはそれから生まれた。

かれら（神々）が原人を［宇宙的な祭祀における犠牲獣として］切り刻んだとき、いくつの部分に分割したのか？　かれの口は何になったのか？　かれの両腕は何になったのか？　かれの両腿、かれの両足は何と名づけられたのか？

かれの口は、バラモンであった。かれの両腕は、王族とされた。かれの両腿は、庶民とされた。かれの両足からは隷民が生まれた。

月はかれの思考機能から生じた。眼からは太陽が生まれた。口からはインドラとアグニとが生まれた。息からは風が生まれた。

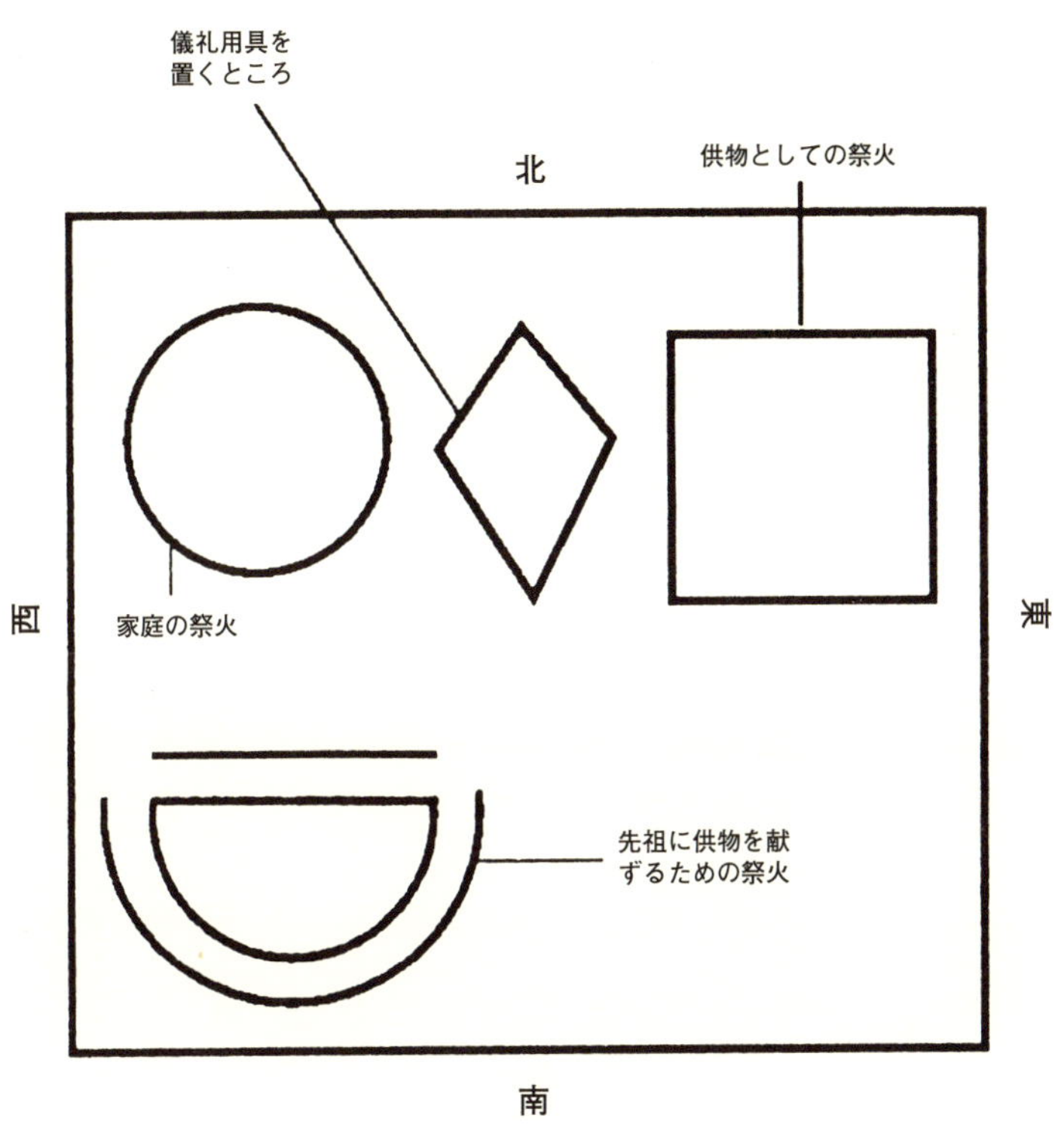

天啓祭事の儀礼を営むための祭祀空間としての方陣。

臍からは空界が生じた。頭からは天界が展開し、両足からは大地が展開し、耳からはもろもろの方角が展開した。このように、かれら（神々）はもろもろの世界を形成した。

祭祀を執行しつつある神々が原人を犠牲獣として［祭柱に］縛りつけたときに、かれの〈祭火を囲む木片〉は七本であった。火をつける木片は七個の三倍つくられた。

神々は祭祀（犠牲獣）によって祭祀を執行した。それらは最初の規範であった。それらの威力は天空におもむいて、往昔の神々、サーディヤ神族のましますところにいたった。

（『リグ・ヴェーダ』X・九〇）

この詩では、犠牲にされたプルシャの身体と創造のあらゆるレヴェルが、たがいに並行的に扱われている。宇宙大の生贄プルシャが重要性の核になった宗教的連想が、あらゆるものの創造に結びつけられている。宇宙も、自然界も、人間社会も、犠牲も、たがいに類似の並行的なものと見られており、プルシャの犠牲によって万物が時を経ずして一挙に創造されたと見られている。

この詩によれば、宇宙大の生贄プルシャの供犠が万物の参照点となっている。プルシャの供犠が、創造を解く鍵になっているのである。初期のヒンドゥー教では、他のすべての供犠はこの大いなる供犠の模倣だと信じられた。そればかりか、プルシャの供犠を知ることは宇宙を知ることだとも、信じられたのである。

バラモンと権力

ヴェーダ期の多くを通じて、司祭階級バラモンが社会的権力の中枢を占めていた。これは、一つには、神々が地上に降り来たって信者の献ずる供物に与る供犠を、バラモンが管理・監督していたからであった。すでに述べたように、これらの供犠には、天啓祭事シュラウタの儀礼と家庭祭事グリヒヤの儀礼が含まれていた。バラモンは、ヴェーダ聖典の知識を自在に使いこなすところからも、権力を手中にしていたのである。

『ヴェーダ』は師から弟子へと口伝で受け継がれた。『ヴェーダ』はまず司祭たちが学び記憶して、それから他のカーストのメンバーに伝えられるべきものであった。そのため司祭の階級は、『ヴェーダ』の知識を文字通り手中に収めることができたのである。バラモンは、供犠の讃歌と祈りをそらんじているばかりか、人々に対して聖なる祭火による供犠を営む資格をもった、唯一の専門家と見なされていた。このようにしてバラモンは、神々への民衆の接近と、究極的には全宇宙への民衆の接近とを、差配したのである。

ヴェーダも後期になると、バラモンは四ヴェーダ聖典のそれぞれに補足を加えていた。これら四つの補足を一冊に編纂したものが祭儀書『ブラーフマナ』であった。そこには、讃歌と祈りを献げる際の、司祭用の手引きが含まれていた。『ブラーフマナ』には、ありとあらゆるタイプの供儀を営むための実践上の指示が、微に入り細をうがって示されていたのである。

こうした複雑な儀礼のより深い意味を説明するために、さらに一段の説明を編纂する必要が生じた。こうしたさらなる説明の書は、森林書『アーラニヤカ』と呼ばれたが、それは、それらの教授が森の奥まったところで行われたからである。『ブラーフマナ』が儀礼のしかるべき行為に固執したのに対して、『アーラニヤカ』の方は、儀礼の背後の意味を解することの方が大切だと、主張しているように思われた。『アーラニヤカ』では、完全な儀礼は、入り組んだ祭火による供犠に基づくのではなく、むしろ心のうちにおいてこそ営むことができるのだと、主張されたのである。『ブラーフマナ』と『アーラニヤカ』の編纂は、ヴェーダの司祭が、儀礼の営みや、儀礼の営みについて詳しく語ることや、儀礼を解釈することなどに、どんなに心を奪われどんなに夢中になっていたかを、はっきり示してくれる。

『ブラーフマナ』の儀礼を執り行うのは、それに相応しい清浄さを備えた者に限られていた。儀礼のしかるべき行為についての知識を通じて、供犠を行う人たちは、神々に直接通じた人たちの仲間に列せられた。司祭が生涯適切な形で儀礼を行えば、司祭も、司祭に儀礼を求めた者も、死んだ後に、死すべき肉体から解放された存在をその褒美として与えられると信じられた。つまり、神々の世界に引き上げられると信じられたのである。

やがて多くの人たちは、バラモンのとりしきる複雑な儀礼に幻滅を感じるようになっていった。また、宇宙がプルシャの犠牲を通じて形成・維持されたとする考えも、宗教的支持を失っていった。世界の創造と人生の意味をめぐるまた別の考えが、注目を集めた。

一つの幅広く信じられた理論によれば、世界は一つの中性的ないし非人格的な原理によって説明できるとされた。この原理は単純に〈かの唯一なるもの ted ekam〉として知られていた。次の讃歌には、天地創造についての一つの選択可能な説明が含まれている。ここには、ヴェーダ初期の天地創造のヴィジョンへの疑問が、明らかに働いている。

そのとき無（asat）もなかった、有（sat）もなかった。空界も、それを覆う天も、なかった。なにものが活動したのか、どこに、だれの庇護のもとに。深くして測るべからざる水は存在したのか。

そのとき死も、不死も、なかった。夜と昼との標識もなかった。かの唯一なるものは、自力により風なく呼吸した。これよりほかに、なにものも存在しなかった。

宇宙の最初においては、暗黒は暗黒に覆われていた。一切宇宙は光明なき水波であった。空虚に覆われ発現しつつあったかの唯一なるものは、熱（tapas）の威力によって出生した。

最初に意欲はかの唯一なるものに現じた。これは思考の第一の種子であった。聖賢たちは熟慮して心に求め、有の連絡を無のうちに発見した。

かれら（聖賢）の紐は横に張られた。下方はあったのか、上方はあったのか。はらませるもの（男性的な力）があった、威力（女性的な力）があった。本来存する力は下に、衝動力は上に。

だれが正しく知る者であるか、だれがここに宣言し得る者であるか。この展開はどこから生じ、どこから来たのか。神々は宇宙の展開より後である。しからば展開がどこから起こったのかを、だれが知るであろうか。
この展開はどこから起こったのか。かれは創造したのか、あるいは創造しなかったのか。最高天にあって宇宙を監視する者のみが、じつにこれを知っている。あるいはかれもまた、これを知らない。

(『リグ・ヴェーダ』X・一二九「有に非ず、無に非ざるもの」讃歌)

精神的ならびに社会的な立場からの疑問が生まれた結果、バラモンのあらゆる複雑な儀礼とは全く対照的な生活の仕方が、この頃、しだいに一般的なものとなっていった。これは苦行者と呼ばれる人たちのライフ・スタイルであった。苦行者は、きわめて簡素な生活と自己鍛錬に身を捧げていた。ヴェーダ後期になると、彼らは森の中で隠者として暮らすことが多く、多様なカーストから成るヒンドゥー教の社会構造には近づかないようにしていた。

苦行者は、社会のあらゆる部門から現われて、人々から最高の尊敬を集めるという点で、司祭階級のバラモンと肩を並べるようになった。苦行者の、森での厳しい献身に油を注いだ情熱は、それ自体、犠牲的情熱として尊敬の的となった。厳しく簡素な生活へのこのような情熱的献身は、祭壇における祭火への情熱的献身になぞらえられた。『ヴェーダ』の司祭たちの生活の特徴をなす、『ヴェーダ』の讃歌を繰り返し捧げる行為と、こうした苦行者たちの厳しく簡素な献身とは、たがいに

森の庵で人生の意味と実在の本質とについて弟子と
議論を交わしている、ウパニシャッドの哲人・賢者。

同じ価値をもつと考えられた。このような禁欲的な献身と祈りの情熱は、〈知識への熱力〉ないしは苦行〈タパス tapas〉と呼ばれた。苦行者の簡素で誠実な行為は、究極の実在についてのより高度な理解をもたらしてくれると考えられたからである。実にまた、究極の実在についてのより高度な理解は、苦行者にあらゆる実在についてのより高度な理解をも、もたらしてくれた。

苦行者もしくは森の隠者は、また同時に、様々なかたちの瞑想の、すなわちもの静かな思索の達人でもあった。なかには沈黙の聖者〈ムニ muni〉と呼ばれる人たちもいれば、知識力を備えた聖仙〈リシ〉と呼ばれる人たちもいた。ムニは「風を衣として、己が沈黙に酔える者」と説明され、「死すべき並の人たちにとっては毒である、ルドラ・シヴァの魔法の杯を乾したがゆえに、ムニには、あらゆる人たちの考えがわかる」とされた。

苦行者は、厳しくも簡素で清らかな暮らしをしているので、瞑想の行為と苦行の実践を通じて〈深い知識への熱力〉を生み出すことができると信じられた。人々は、深い宗教的知識をもたらしてくれる瞑想や苦行の力なら、司祭の力など借りなくても、みずから身をもって体得できるではないかと、しだいに深く信じるようになった。瞑想と苦行は宗教的な恵みにあずかる鍵と見なされたが、それらは、森の隠者たちにも、また森の隠者たちの活動を模倣したいと願う人たちにも、同じように近づくことのできるものであった。苦行者という宗教的実例は、多くの人たちに一つの選択可能な宗教的生活形態を呈示した。バラモンの『ヴェーダ』の伝統は、司祭の存在と司祭の行う儀礼の正確な執行とを中心にしているように思われた。多くの人たちは、バラモンの行う手の込んだ供犠にはいささか幻滅していたので、人生には、供犠を正確に執り行うことよりもっと高い目標はないのだろうかと、考えるようになった。人々は、このようにして、死によって支配されることも時間によって腐蝕することもないような、不滅の状態を探るようになり、またどうしたらそういう状態を獲得できるのか、もっと大きなものの見つかる当てもないように思われる人生の過酷な状況を、いったいどうしたら乗り越え、どのようにしたら克服できるのかと、問うようになった。ウパニシャッド期は、こうした新しい宗教的問いかけのいくつかに答えようとしたのである。

ウパニシャッド期

ウパニシャッド期（紀元前八〇〇―四五〇年）は、ヒンドゥー教の歴史で創造的思考が生まれた最大の時代であった。この時代を通じて人々は、人間という存在に対してこれまで以上に探究的な態度をとった。ウパニシャッドの苦行者は、哲学者であり教師であり賢者であった。彼らは、森で隠者の生活をつづけながら、宇宙についての難問をめぐって、日々研究と瞑想と論議に明け暮れた。若者たちは、そこでの議論に加わって悟りに達することを念じて、そうした隠遁生活に引かれていった。

『ウパニシャッド』は、およそ紀元前七〇〇年から五〇〇年の間に、〈ヴェーダーンタ vedānta〉すなわち〈ヴェーダの終わり〉として、こうした森の隠者たちの手で編纂された。また『ウパニシャッド』は、シュルティ文書すなわち〈天啓聖典（聴いて得たもの）〉の一つとしても知られており、その教説のほとんどが対話形式でできている。〈ウパニシャッド upaniṣad〉という言葉は、秘密の教えを伝授してくれるグル（精神的導師）の〈近くに坐する〉という意味である。そうした対話でも、文字に記されているものは百編以上に及ぶが、スムリティ文書すなわち〈聖伝文学〉として受け入れられているのはわずか十三編である。一般に『ウパニシャッド』では、個人と宇宙の関係、宇宙的霊魂の性質、人生の意味、死後の生命の在り方、などが論じられている。

ウパニシャッド期は、ヒンドゥー教に強い影響力をもった新しい思考法・新しい探究法をもたらした。それらのテキストは、バラモン以外のカーストを締め出していないという点で、『ヴェーダ』とは本質的に異っている。とはいえ『ウパニシャッド』の内容は、精妙かつ深遠である。『ウパニシャッド』の諸概念を理解するだけでも困難な作業であったため、その教説についての深い知識に達した者は、ごくわずかに過ぎないというのが実情であった。

『ウパニシャッド』の複雑さ・難解さにもかかわらず、あらゆる階級の男女が集まってこれを学ぼうとした。大切なのは、階級やカーストではなく、本人の性格であった。例えば本人が隠者に弟子入りしようとする際には、本人の家系などより、正直であることの方がずっと高く評価された。『ウパニシャッド』には、この宗教的コミューンでは〈内なる人〉ということがどんなに尊ばれていたかを、感動的に描いた一節がある。

サティヤカーマは、ある日、母のジャーバーラに尋ねて言った。

「母上、私は弟子としての修行生活を送りたいと思います。いったい私は何という姓に属するのでしょう。」

すると母は答えて言った。

「息子よ、私もお前の姓を知らないのです。若い頃、下女としてあちこち歩いている間にお前を生んだものですから。でも、私の名はジャーバーラで、お前の名はサティヤカーマなのだから、おまえは、サティヤカーマ・ジャーバーラと名のったらよい。」

彼は翌日、ハーリドゥルマタ・ガウタマのもとに行って、次のように言った。

「先生、私は先生に弟子入りしとうございます。入門をお許し下さい。」

師は彼に姓を尋ねた。

サティヤカーマは答えて言った。

「私は自分の姓を知らないのです。母に尋ねたところ、若い頃下女としてあちこち歩いている間に私を生んだのだ、とのことでした。母は申しました。母がジャーバーラで私がサティヤカーマなのだから、サティヤカーマ・ジャーバーラと名のったらよいと。ですから私の名はサティヤカーマ・ジャーバーラでございます。」

ハリドゥルマタ・ガウタマはこれを聞いて次のように言った。

「まことのブラフマンでなくしては、これほど正直に申し述べることはできないであろう。若者よ、入門の薪をとってきなさい。入門を許そう。お前が正直の道を踏みはずさなかったからだ。」

（『チャーンドーギャ・ウパニシャッド』Ⅳ・四）

『ウパニシャッド』の中でも最も古く（およそ紀元前七〇〇年から五〇〇年）、かつまた最も意義深いものは、『ブリハッド・アーラニヤカ・ウパニシャッド Bṛhadāraṇyaka-Upaniṣad』と、『チャーンドーギャ・ウパニシャッド Chāndogya-upaniṣad』である。『チャーンドーギャ・ウパニシャッド』のなかでは、祭壇における供犠の祭火と、太陽の火と、苦行タパス（理解への熱力）との関係をその答によって示すことのできるような一つの問が、立てられている。それは、宇宙における創造的な力についての問として、次のように定式化されている。曰く、〈全存在の実相をなす唯一者の本質とは何であるのか？〉。その解答として、苦行タパス（知識への熱力）の創造的力や、供犠の創造的力や、究極の実在ブラフマンの創造的力などについての論議が、行われている。

『ウパニシャッド』を学ぶ者たちは信じていた。大切なのは、供犠における儀礼の行為そのものではなく、むしろ供犠の背後に隠れた精神なのだと。彼らは、瞑想ないし思索を通じて、自分が神々と結びつくときの様子についての知識や、そうした神的結びつきが発生するときの様子についての知識などを、手に入れることができると信じていた。彼らはまた、本当の自分とは何であるのか、また本当の自分と真の実在ブラフマンとの関係は何であるのかを、知りたいと思った。

こうした精神的反省や探究は、献身的な修業者たちのうちに、苦行タパス（知識への熱力）を生み出すと信じられていた。他の関心は一切傍らにおいて、修業者は真実の探求に文字通り身を〈献げて〉いた。この点で個々の修業者は、己れの世俗的関心を傍らにおくことによって、自分の心という名の祭壇のうえで供犠を営んでいるのであった。このような自己犠牲が、『ヴェーダ』の司祭たちの営む祭火による供犠と並行していたわけである。ウパニシャッドの苦行者は、己れの自己を犠牲にし、己れの肉体的関心を試練にさらして、ひたすら悟りを求めていた。彼らは、そうした態度そのものに、俗事を超越して実在についての重要な問に思いをひそめる力が、すでに示されていると信じていた。事実また彼らは、そうした態度をみずからとることによって、ひとは、表面的自己を超えたときに、はじめて、一つの本質的もしくは実在的な自己に触れることができるのだと、信じることもできたのである。したがって問題は、この本来の自己とは何であり、どうしたら本来の自己を把握することができるのかを、問うことにあった。この問題は、現代のヒンドゥー教においてもやはり重要な問題であるが、究極の実在についての新しい観念によって、一部解答を得た。『ウパニシャッド』においては、『ヴェーダ』の伝統にもとづく多くの神々は、すべてブラフマンという唯一者に還元された。ブラフマンこそ宇宙の至高の本質だと信じられた。この本質は、宇宙そのもののうちにも、物理的世界の様々な被造物のうちにも、また個人の魂のうちにも、ひとしく認められるのだという。『ウパニシャッド』の思想家の焦点の中心は、個人の魂〈アートマン ātman〉は宇宙の魂〈ブラフマン brahman〉の一つの独立した部分なのだという観念のうえに置かれた。

ウパニシャッド期以来ヒンドゥー教徒たちは、個人の魂アートマンは、実に、宇宙の魂ブラフマンでもあるのだと信じてきた。それは、アートマンとして別個に存在してきはしたが、ひとたび解脱〈モークシャ〉もしくは救済に達すれば、再びブラフマンと一体化することになるのである。やがて〈ブラフマン brahman〉という言葉は、ありとあらゆる力を内蔵した宇宙の本質そのものを指すのに用いられるようになった。

この梵我一如、すなわち〈アートマン・ブラフマン〉という観念は、『チャーンドーギャ・ウパニシャッド』の中で、〈tat tavam asi〉、すなわち〈汝はそれなり〉という有名な一句を通じて繰り返し説かれている。この句の言わんとするのは、個人と宇宙の間には何の違いもないのだ、ということである。『チャーンドーギャ・ウパニシャッド』の一挿話がこの消息をよく伝えてくれる。

シヴェータケートゥは父でもあり師でもあるウッダーラカ・アールニに求めて言った。「父上は、さらに、私に「アートマンとブラフマンの何たるかについて」教えて下さい」と。

父「そこから榕樹（バニヤン）の実をもってきなさい。」

子「父上、ここにあります。」

父「それを割ってみよ。」

子「父上、割りました。」

父「そのなかに何が見えるか？」

子「父上、ここにきわめて微細な粒のようなもの［種子］があります。」
父「では、それらの種子のうちの一つを割ってみよ。」
子「父上、割りました。」
父「そのなかに何が見えるか？」
子「父上、何も見えません。」

そこで［父が］彼に言った、「愛児よ。じつにおまえは微細なるものを知覚することはできないが、この微細な粒の中からこのように大きな榕樹（バニヤン）が現われて立っているのだ。愛児よ。この事実を信ぜよ。

この微細なるものはといえば、――この一切（全宇宙）はそれを本性とするものである。それは真実である。それはアートマンである。汝はそれである（tat tvam asi）。シヴェータケートゥよ」と。

（『チャーンドーギャ・ウパニシャッド』Ⅵ・一二「榕樹（バニヤン）の譬喩」）

この物語のなかでは、魂こそが、最深の自己ないし真実の自己なのだと説明されている。この最深の自己はいかなる意味においても物理的存在ではない。個人の魂と宇宙の魂は同じ一つのものなのだというのが、ウパニシャッドのテキストを通しての中心テーマである。〈tat tvam asi〉、すなわち「汝（個人の魂）はそれ（宇宙の本質）なり」というのが、この時代の中心的教説なのである。『チャーンドーギャ・ウパニシャッド』のなかには、この真実について説明したまた別の話がある。

父「この塩を水のなかに入れて、明朝、私のところへ来い。」

彼はそのとおりにした。

父「では、昨夜、おまえが水のなかに入れた塩を、もってきなさい。」

彼はそれを探したが、見つからなかった。

父「では、その水をこの端から少し啜ってみよ。どのような味がするか？」

子「塩からいです。」

父「真ん中から啜ってみよ。どのような味がするか？」

子「塩からいです。」

父「あの端から啜ってみよ。どのような味がするか？」

子「塩からいです。」

父「それを捨てて、私の近くに坐れ。」

そこで、彼はそのとおりにした。

父「塩はつねに存在するのだ（いく度やってみても、塩からい味は存在するのだ）。」

父「愛児よ、この場合に、じつにおまえは有を知覚しないが、しかしそれは現にここに存在するのだ。」

父　「この微細なるものはといえば、――この一切（全宇宙）はそれを本性とするものである。それは真実である。それはアートマンである。汝はそれである（tat tavam asi）。シヴェータケートゥよ。」

（『チャーンドーギャ・ウパニシャッド』VI・一三「塩水の譬喩」）

輪廻、業、解脱

ヒンドゥー教の恒常的要素となるべき定めにあった『ウパニシャッド』の多くの教説のなかでも、輪廻〈サンサーラ saṃsāra〉と業〈カルマ（カルマン）karman〉の教説が他を圧していた。『ウパニシャッド』の時代にはすでに多くのヒンドゥー教徒が考えていた。神々によってもたらされ、維持されている日常世界も、あるいは一つの罠となって、自分たちを誕生と死と再生の連続的サイクルのなかに閉じ込めてしまうのではないかと。もしかしたら、それは永遠につづくかもしれないのだ。けれどもこうした輪廻の考えは、逆に、自分の状態は改善されることもありうるのではないかという希望を、いささかながら抱かせもした。

輪廻というのは、魂が一つの肉体から別の肉体に転生したり、多くの肉体を連綿と経めぐったりしているのだとする、一つの信仰である。それは次のように説明できる。つまり、死んだ人の魂は、天国や地獄や、その他別のところに移行するのではなく、前世のそれより高いこともあれば低いこともある序列の、また別の肉体のなかに転生していくのだ、と。このように、魂が転生を繰り返しながら一つの果てしない連鎖を形成しているのなら、身分の低かった人が、司祭や王様に生まれ変わることもあれば、もっと低く、動物や虫に生まれ変わることもあるだろう。だとすれば、魂をより高い生存状態に入らせたりより低い生存状態に入らせたりするのは、いったい何であるのかという問が、あらためて問われることになる。

人間の身分の上下は、業〈カルマ（カルマン）〉の法則によって決められる。これは、人間の考えと言葉と行いに、各人の将来の生存の質を確定してしまうような倫理的結果を担わせる法則である。ヒンドゥー教徒にとって業の法則は、一つの必然的な自然法則として、みずからの将来の生活の質を決定する。善い行いをした人は来世において良い状態に生まれ変わり、悪い行いをしたり、悪い考えをいだいたり、悪い言葉を吐いたりした人は、動物に生まれ変わるのである。

業の法則は、人間の来世だけに当てはまるのではなく、人間の現世の出来事にも当てはまる。業の法則によれば、人間が現世で行う善行は、現世においてであれ来世においてであれ、やがて本人に幸運となって返ってくる。同様に、ひとは自分の行った悪行に対しては、〈業のつけ〉を支払わされることになる。ひとの悪行もまた、現世もしくは来世において、廻りめぐってまた本人に〈とりつく〉のである。

『ウパニシャッド』の教説の最高の教説が、輪廻と業という観念を完成させている。すなわち解放ないし解脱〈モークシャ mokṣa〉という概念がそれである。つまり、よい精神生活を送ることで、言い換えるなら究極の実在ブラフマンと一体化することで、やがてひとは、この世のはかない生活や輪廻のサイクルを離れることになる、というのである。かくして、解脱という観念とともに、善行ないし善き業を通じてこの世の立場を改善したり物質的安楽を享受したりすることにより、ブラフマンとの永遠の一体化を求める願いの方が、かえっていっそう重要なものになった。

ヒンドゥー教徒はウパニシャッド期に、宇宙の魂と一体化して輪廻の境を離却するという目標にしだいに高い価値を置くようになった。解脱こそが、人生の最高の目的にして、おそらくは唯一の目的だとされるにいたったのである。ヒンドゥー教のさまざまな教派が、長いことこの同じ目標を目指して励んできたが、その目標を目指す方法は、たがいに異なっていた。犠牲、神、輪廻のサイクルなどをめぐる新しい観念とともに、ウパニシャッド期は、宗教哲学の多くの学派を輩出するこ

行者は、髪をもじゃもじゃにしているので、すぐにそれと分かる。彼は無一物である。ゆったりした衣を着て、杖と笛を携えている。彼は、心身の鍛錬を通じて最高の真理〈ブラフマン brahman〉を見届けるために、社会的身分を捨てている。彼の目標は、解脱〈モークシャ mokṣa〉に達するために、ブラフマンと霊的に一体化することにある。

とにもなった。その一つに、ヨーガ学派があった。ヨーガは心身を鍛錬する方法の一つである。その起源は『ウパニシャッド』よりはるか昔に遡るが、ヨーガの一般的方法がさらに発展をとげて説明されるようになったのは、このウパニシャッド期のことである。『ウパニシャッド』の賢者は、ヨーガの技法にしたがって、肉体と自己の区別を強調した。

ヨーガを実践する人たちは、ヨーガを通じて、アートマンとブラフマンが一体化する状態に達することができると信じた。それが可能になるのは、とりもなおさず自己というものが、その最深の現実においては、すでにブラフマンのように純粋で、無限で、不変なものであるからにほかならない。ヨーガを実践してブラフマンとの一体化という特別な体験を得た者は、生きながらにして解脱に達した者〈ジーヴァンムクタ jīvanmukta〉と呼ばれた。

ヴェーダーンタ学派は、この時期に生まれた宗教哲学のいま一つの強力な学派であった。それは、あらゆる実在には一つの共通の統一が潜んでいるという観念を育て上げた。またそれは、人間は誰もが宇宙的本質を担っているということを人間自身に忘却させてしまう一つの非人格的な力、迷妄ないし幻力〈マーヤー māyā〉という概念をも導入した。マーヤーはあらゆる無知と苦しみの原因として、克服されるべきものと考えられた。

新しい教育方式

『ウパニシャッド』の教育方式は、バラモンのこと細かな供犠の儀礼を中心とするのではなしに、かえって一般人を中心とした宗教教育の先駆けとなったが、多くの一般人にとっては、テキストを理解するだけでも困難であった。端的に言って、『ウパニシャッド』の教説はあまりにも哲学的で難解であった。ウパニシャッド期と同じ頃、仏教徒やジャイナ教徒といった非バラモンの思想家たちのなかから、バラモンの古い供犠の伝統に反発する者たちが現われた。そうした教師たちは、物語や譬え話を聞かせるという新しい方法で、自分たちの宗教的教訓を伝達し始めたのである。『ウパニシャッド』の教室であった森林学派の境内を抜け出して、新しい教師たちは街から街へと遍歴して歩いた。彼らは遍歴しながら、自分たちの信仰や思想をお話を通して広めていった。人々は熱心に耳を傾け、単純な譬え話に我を忘れて聴き惚れた。人々はそうした教えによって自分たちが向上していくのを覚え、そうした物語を通じて人生や世界についての理解が深まっていくのを発見した。

ほどなく、こうした物語や譬え話は、しばしば道徳的教訓や宗教的教訓を具体的に示していたことなども手伝って、人々の間に急速に浸透していった。宗教的教説へのこういう接近法が効を奏したのを見て、とうとうバラモンまでもが、その説教法の一部にそうしたお話による説法を採り入れるようになった。その結果、紀元前三世紀の頃には、新しい形態のブラーフマナ文献が誕生するところとなった。そのころバラモンが、古い作品への補足とならんで、新しい文学をも書くようになったのである。バラモンが新しい教育方式を採用するようになった次第の具体例は、彼らが偉大な叙事詩『ラーマーヤナ』と『マハーバーラタ』にほどこした追加や、プラーナ（古い伝説）として知られる聖典にほどこした追加のうちに、見てとることができる。

もともと『ラーマーヤナ』や『マハーバーラタ』は、戦士や王たちの搾取や争いをめぐって展開される、長大な非宗教的物語であって、旅の吟遊詩人が何世代にもわたって語り継いできたものであった。後になると、そうした基本の物語のうえにありとあらゆる資料が付け加えられた。もともとあったものにあまりにも多くの資料が合体したため、二大叙事詩のいずれもが、それもとりわけ『マハーバーラタ』は、歴史的叙述を含む伝説や、神話的イメージを繰り広げる伝説などを擁した、さながら英雄と伝説の百科全書のようなものとなった。私たちが、偉大なる神々シヴァとヴィシュヌや、その妃たち、およびその他多くの従属的神々の、しだいに発展をとげていく性格に出会うのも、他ならぬこの叙事詩においてである。

これらの叙事詩は、紀元前五〇〇年にはすでに最終的な形を見ていたものと思われるが、プラーナの方は、一二世紀の後半まで発展をつづけた。プラーナつまり〈古い伝説〉には、伝統、神話、習俗などが取り込まれている。プラーナの後半部分では、〈ブラフマー Brahmā〉、〈ヴィシュヌ Viṣṇu〉、〈シヴァ Śiva〉の三神の物語に焦点が当てられている。ヒンドゥー教徒はこれら三神をそれぞれ別個に崇拝してはいたが、これらの三神はまた同時に、創造（ブラフマー）と維持（ヴィシュヌ）と破壊（シヴァ）という、相異なる三つの機能をもった同じ一つの神なのだとも、考えられていた。

プラーナの神話や伝説は人々の生活に意義を与えた。もともと伝説というのは重大な歴史的事実と絡み合っていることが多いため、いきおいプラーナも、歴史〈イティハーサ itihāsa〉と関連していることが多かったからである。叙事詩と同様プラーナのテキストは、ヒンドゥー教世界における大衆教育の、時代を超えた媒体として、昔にかわらず今もなお重視されている。宗教的、社会的、文化的な規範とインスピレーションが、こうしたタイプの文学を通じて、何世紀にもわたって連綿と伝えられてきたのである。

プラーナの名で呼ばれてきた作品は多いが、伝統的にシュルティ文書、すなわち聖伝文学と認められてきたのは、わずか十八編にとどまる。これらは〈マハープラーナ mahāpurāṇa〉、すなわち大プラーナと呼ばれている。もっとも、宗教的文書ならどんなものも小プラーナと呼ばれていることも、確かである。比較的古いシュルティ文書以降に書かれた多くの小プラーナは、縁起〈マーハートミヤ māhātmya〉の名で呼ばれることもある。概してこれらは、神々や巡礼の地の栄光を讃えている。そのなかに、一部、一九世紀になってからやっと編纂された近代の宗教テキスト『マーハートミヤ Māhātmya』もある。

4 神々と献身的信仰

紀元前五〇〇年から四〇〇年にかけて、プラーナ聖典は、ヒンドゥー教の様々な教派から霊感と活力を注入された。どの教派の内部でも、ひとにはそれぞれ、自分に固有の守護神と最高神がいるのだとされた。このかなり個人的な宗教観と一体化して発展したのが、神への〈愛着〉もしくは熱烈な〈献身〉を意味する信愛〈バクティ〉の、民衆的献身運動であった。

宗教へのこういう新しい接近法の種子は、すでに、二つの叙事詩とプラーナ聖典の初期の伝統の中にまかれていた。そうした種子が育っていくときの様子は、神々の物語や、若干の神々への人々の新しい評価などを調べてみれば、おのずと明らかになる。初期の段階では、そうした神々も、ヒンドゥー教の万神殿のなかでは小さな役割しかもっていなかったが、年月の経過とともに新しい次元を帯びて、しだいに重要なものになっていくのである。

シヴァ神の両義性

シヴァ神もバラモンの初期の著作のなかでは特に抜きんでた神ではなかった。『ヴェーダ』においては、シヴァ神の先駆は、アーリア人の、嵐と電光と薬草の神でもある恐ろしい空界の神、ルドラであった。ルドラは空界の諸力を治めていたので、インダス河流域の人々は、ルドラには人間の運命を支配する力があると信じた。ルドラは、これを崇拝して祈りを捧げる者には、病を癒してくれたり、強大な暴風雨による破壊から護ってくれたりするのだとされた。

ウパニシャッド期になると、ルドラの特性は、インダス河流域の地界の神である牛神の特性と融合して、三大神の一柱シヴァ神となっていく。したがってシヴァ神ルドラは、性欲を自在に操るインダスのヨーガの神であり、吠え猛る雨と嵐のヴェーダの神であり、かつまた嵐の後の爽天を反映した、病気平癒の薬草の神でもあった。またルドラ・シヴァ神は動物たちの神であり、暴風群神マルトの父であり、かつまたヨーガの力の神でもあった。彼はみずからの互いに矛盾した力、それもとりわけ性欲の力とヨーガにもとづく自制の力とによって知られるようになった。シヴァとその妃パールヴァティーの複合像に対する宗教的畏敬が、プラーナ期の最初の数十年の間(紀元前三世紀)に生じたしばしば〈シヴァ派〉の名でも呼ばれるシヴァ神崇拝の伝統のなかに、融合していった。多くの神話がシヴァ神の多面性を魅惑的に描き出している。これらの神話は、叙事詩や『プラーナ』の形をとって現われることが多く、その物語は、語り手やそれらが文字に記された時代によっ

ラーマの継母によって追放されて森に赴きつつある、ラーマとシーター妃とラクシュマナ。この絵画的風景のなかでは、森に棲む隠者たちが彼らに仕えている。

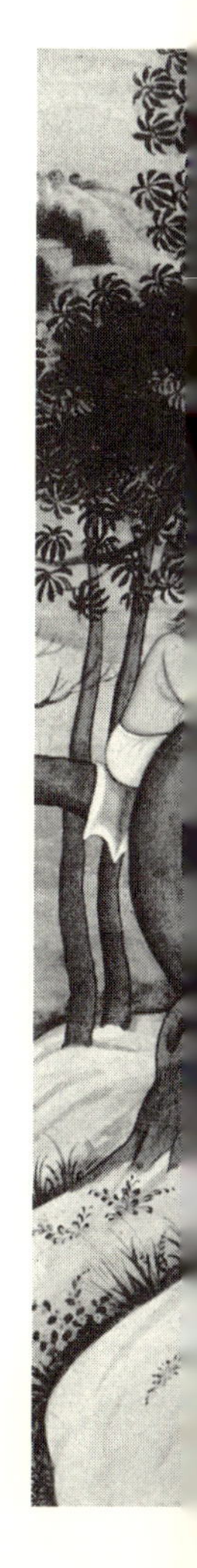

て、語られるたびに少しずつ違ってきている。

シヴァ神の神話のなかには、神々が悪霊〈ラークシャサ rākṣasa〉たちと絶えず戦っていたときの様子を伝えたものがある。神々は戦力増強のため不死の霊薬〈アムリタ amṛta〉に訴えようと決意する。この霊薬を作るには「乳海」を撹拌する必要があった。そこで神々は、竜王〈ヴァースキ Vāsuki〉をその撹拌の紐とした。撹拌するのにしばらくぐるぐる回されたため、竜王は毒を吐いた。毒が霊薬に落ちてこれを汚染し、神々の希望をすっかり打ち砕くかに見えたそのとき、神々のなかの神、シヴァ神が現われてすかさずこれを救う。彼はみずからの口に毒を受けて、神々の不死の霊薬を護るのである。そして彼自身は、毒が喉でとまるようにとシヴァの頸をしめたその妃パールヴァティーの助けによって、からくも毒を飲み込むことをまぬかれる。シヴァ神の姿を描いたものに、時として頸の色の青黒いものがあるのは、そのせいである。

『マハーバーラタ』では、シヴァ神は宇宙創造の神として仰がれているばかりか、原初の父親としても敬われている。この大叙事詩の伝えるところによれば、シヴァ神は、（大女神マハーデーヴィ・シャクティが慈愛と優しさにみちた姿をとって現われた）その妻パールヴァティーと、二人の息子、象頭神〈ガネーシャ Gaṇeśa〉と軍神〈スカンダ Skanda〉とともに、苦行の行者としてヒマーラヤの山中を棲みかとしている。また彼らは、シヴァ神の変わらざる友にしてその乗り物〈ヴァーハナ

vāhana〉でもある牡牛〈ナンディン Nandin〉をも仲間としている。ちなみに、この牡牛ナンディンは、男性の逞しさと力を象徴している。

ヒンドゥー教の様々な伝説を通して、シヴァ神は多くの異なった姿（相）をとって現われる。シヴァ神のよく知られた別の姿に、踊り手の王者〈ナタラージャ Natarāja〉の姿がある。その聖なる宇宙的舞踏には、一切の悪と障害を取り除く力がある。ナタラージャは赤々と輝くオーラにつつまれて踊りのポーズをとっている。燃え立つマンドルラ（アーモンド形の光背）は、それ自身の幻影と苦悩と苦痛によって、宇宙そのものを表わしている。

この宇宙のなかで、踊り手の王者ナタラージャは踊る。その頭髪には、三日月と髑髏（されこうべ）と聖なるガンジス河の象徴の、三つの飾りをつけている。髑髏は、かすかな笑いをたたえながら、生命のはかなさにも気づかずに己が身を永遠のものと考えている人たちをあざ笑っている。また頭髪の三日月は、夜毎の愛の神〈カーマ Kāma〉の精気を保ち、その満ち欠けによって季節の変化を引き起こし、生命の若返りをはかっている。ナタラージャの髪を分けて流れるガンジスの流れは、もともとは天から注いだものである。天のガンジスが地上で必要になったとき、ナタラージャはそれが地上に注がれることをよしとしなかった。それが大地に降り注いだなら、大地はその重みに耐え切れないことを知っていたからである。そこでナタラージャの姿をとったシヴァ神は、己れのもつれた髪でそれを受け止めることで、聖なる河が天から降り注ぐときの激しい力を抑えることに、同意したのであった。

シヴァ神はまた、そのかいなと首に蛇を巻きつけているが、それは、この恐ろしい動物さえ自在に操るシヴァ神の不思議な力を象徴している。蛇は地上ではその毒によって何よりも恐れられているが、シヴァ神の力は、蛇のそうした恐ろしい性質さえ骨抜きにしてしまう。蛇はまた、魂が次々と異なった肉体に移り住むときに体験する、転生や変化をも象徴している。蛇は季節がやって来ると古い衣を脱ぎ捨てて新しい衣を育てていくが、それは、ヒンドゥー教の信仰で、ひとは、魂が再生するたびに新しい肉体を手に入れるとされているのと、同じだからである。

シヴァ神は、時として、その四本ある手のうち二本の手で、太鼓と炎を握っていることもある。太鼓は、ナタラージャがそれに合わせて踊りをおどることで絶え間なく宇宙を創りかえている、その律動的な響きを象徴している。炎は、ナタラージャが宇宙暦の終わるたびに踊りをおどって罪を浄め、迷いを取り除いていくときの、その破壊のエネルギーを象徴している。右手では己れに帰依する者に祝福を与え、左手では己れの片足を指さして、自分に近づいてくる者に永遠の至福を与えている。そして、もう一方の足では無知の侏儒をしっかり踏みつけて、知識の誕生をじっと静かに待ち受けている。

さらにまた、ナタラージャとなったシヴァの姿は、女性の生殖の力と男性の性欲とを畏怖してきた伝統をも示している。左の耳たぶからは女性のイヤリングを、そして右の耳たぶからは、男性のイヤリングを下げている。これらは、宇宙の原型的な父親と宇宙の原型的な母親の結合を象徴するものである。

アーリア人の侵入以前に顕著であった性力崇拝は、ヴェーダ初期の讃歌のうちでは影をひそめている。ところが、性力と自己抑制を同じように尊び敬う伝統が、おそらくは、バラモンの伝統のうちにあった『ヴェーダ』の外部で、何世紀にもわたって続いていたのであろう。シヴァとシャクティが、原初の父親と原初の母親としてプラーナ聖典に登場するようになると、性力崇拝もまた新しく前面に浮かび出ることになる。ヒンドゥー教の最も有力なシンボルのなかに、再生と性欲の神としてのシヴァ神に結びついたものがあるのは、そうした事情によっている。

シヴァ神崇拝の教団シヴァ派では、崇拝対象の中心を占めているのは、性欲を指し示す数々のシンボルである。ブラフマンという究極の実在でさえ、光の柱と黄金の卵といった、性器を象徴する形で表わされることが多い。時には「母なる大地」が子宮によって語られ、「父なる天空」が男性性器の象徴〈リンガ linga〉によって表わされることもある。プラーナの供儀の儀礼では、祭火がリンガと呼ばれ、〈ヨーニ yoni〉すなわち炉（竈）が、女性性器の象徴となっている。これらはいずれも、シヴァ派では一般的なシンボルである。最もよく知られたリンガは、光のリンガ〈ジョーティル・リンガ jyotir-linga〉とも言われる火焔リンガである。ヒンドゥー教の神話では、〈光のリンガ〉がシヴァ神の種々相の一つを表わしている。

ある神話のなかで、シヴァ神は光のリンガとなって、他の二柱の大神、ブラフマー（梵天）とヴィシュヌ神をともに凌駕していることを説いている。

ある日ブラフマーは、すべてを見透かす千の眼で、ヴィシュヌが、千の頭をもった永遠の竜に支えられて形なき海のうえに横たわっているのを見出した。ヴィシュヌの光輝あふれる姿に心打たれたブラフマーは、その永遠の存在に名は何と申すかと尋ねた。ヴィシュヌは眠そうな蓮のまなこを開いて、鷹揚に微笑みながらブラフマーを手招きした。ブラフマーは、ヴィシュヌの大きな態度に腹を立てて、次のように言った。「まるで弟子にでも対するように余を扱うのは、何ゆえか。余を創造と破壊の原因、千の宇宙の創造主、あらゆる存在の源泉と知ってのことか。」するとヴィシュヌは答えて言った。「汝は余が、世界の創造者、維持者、破壊者の〈ナーラーヤナ Nārāyaṇa〉であり、永遠の男性にして、宇宙の不滅の源泉でも宇宙の中心でもある者と知っているのか。汝とても、余の金剛不壊の身体より生まれたのだ。」

ブラフマーとヴィシュヌが形なき海のうえでこんな具合に言い争っていると、眼前に揺らぎ耀く壮麗なリンガが現われる。そのリンガは、宇宙を焼き尽くすほどの燈火百本もの輝きを放つ、一つの燃え立つ柱であった。それは、始めも、中間も、終わりをも欠いた、形容を絶する比類なきものであった。そこでヴィシュヌは、ブラフマーが、その炎を訝り怪しむのを制して言った。「我らはこの火がどこから発しているかを見届けねばならぬ。余は猪の姿に身を変えて海に下るとしよう。汝は白鳥の姿になって空に昇るがよい。」

鋭い牙と長い鼻づらと、短くがっしりした脚をもった色青き猪となって、ヴィシュヌは海中に身を投じ、一千年の間、深く深く潜り続けた。その辛抱強い努力もかいなく、ついにこの火焔リンガの基底部を見出すことはできなかった。一方、燃えるような眼と大きな翼をもった白鳥は、疾きこと風のような飛翔をもって、この巨大な柱の先端目指して、一千年の間、高く高く舞い上がりつづけた。だがブラフマーもまた、その先端に達することはできなかった。ブラフマーとヴィシュヌは、疲労と狼狽を抱えて元の地点に取って返す途上で、互いに出会った。すると突然、眼の前にシヴァが〈光のリンガ〉の姿をとって立ちはだかっているのであった。ブラフマーとヴィシュヌはシヴァに跪いた。ヴィシュヌはシヴァに向かって言った。「我らの諍いは、神々のなかの神、御身によって祝福されました。御身が我らの前に現われて、我らの言い争いにとどめを打って下さったからです。」するとシヴァはこれに答えて次のように言った。「我は、分かたれることなき至高の主神なり。我は、ブラフマー、ヴィシュヌ、シヴァの三神なり。我は創造し、維持し、破壊する。」

こうした物語は、他のすべての神々に対するシヴァ神の優位を示している。ヒンドゥー教徒はこういう神々の物語を、神らしい振舞いの実例として仰ぎ見てきた。彼らはまた同時に、そうした物語を通じて、自分たちがいったい誰を崇め、何を尊んでいるのかをも、みずから洞察しているのである。

シヴァ神と神妃パールヴァティーの息子たち

ヒンドゥー教の神話によれば、シヴァ神と神妃パールヴァティーは息子のガネーシャとスカンダ

（時にカールッティケーヤ Kārtikeya とも呼ばれる）とともに、ヒマーラヤの山中に棲んでいる。象頭神ガネーシャは障害除去の神なので、ヒンドゥー教徒が何か新しいことを始めようとするときには、この神に必ず祈りを捧げる。スカンダは不死身の戦士として神々を守護しており、アグニとインドラとに関連をもつ。

ガネーシャがどうして象の顔をしているのかは、多くの神話が様々な説明をしている。ある説明によれば、ある日パールヴァティーは、沐浴を始める前に、身体から塗り薬をこすり落として、それを油と他の塗り薬に混ぜ合わせた。彼女はそれから男の像を一つ作り上げ、ガンジス河から汲んだ水を振りかけてそれに生命を与えた。それからパールヴァティーはこの像、息子のガネーシャを、沐浴用の建物の戸口の外に置いて、警護の見張りとした。シヴァが中に入ろうとしたとき、ガネーシャはシヴァを入れまいとした。シヴァはガネーシャのことを知らなかったので、腹を立ててガネーシャの首をはねてしまう。パールヴァティーは表に出て息子の死を知るや、悲しみに泣き崩れてしまう。シヴァは妻を哀れに思って、使者に命じて子供のために別の頭を探してこさせる。使者の見つけた最初の動物が、つまり象であった。彼は象の頭を持ち帰り、これがガネーシャの身体に据えられたのだという。

ガネーシャの由来を示す別の神話によれば、シヴァは、善行と悪行を見分けてこれを監督する者のいないことに気づいた神々と賢者たちの求めに応じて、ガネーシャを産み出した。シヴァがたしかにその通りだとしばらく考えて、パールヴァティーの方を振り返ったとき、彼女を見つめたその

この絵は、ヒンドゥー教の三大神のうち最高神としてのシヴァ神を描いている。彼は、火焔リンガの姿をとって現われて，ブラフマーとヴィシュヌの二大神からの敬礼を受けている。

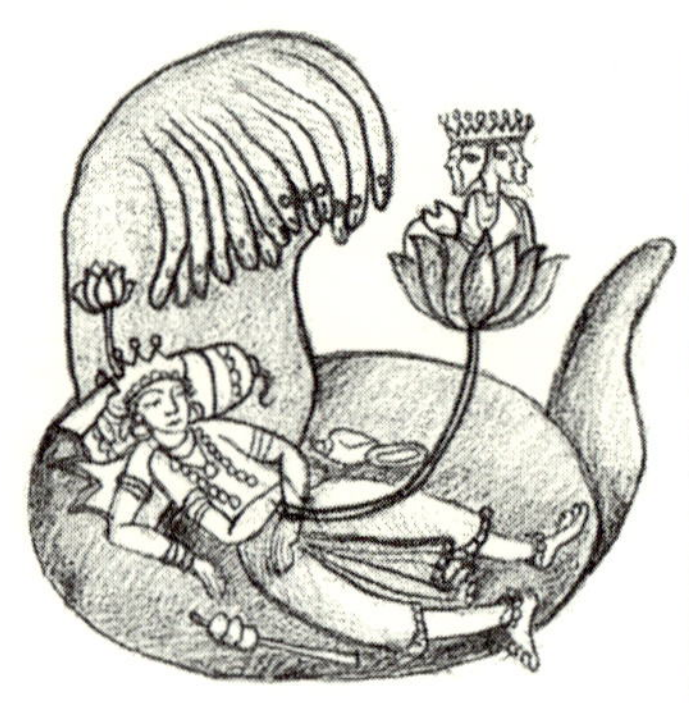

恵み深きヴィシュヌ神が、千の頭をもった原初の蛇のうえに寝そべっている。彼の臍から、世界の創造主、ブラフマー神（梵天）が現われる。ブラフマー神の創造した世界は、ヴィシュヌ神によって1ユガ期の間統治されたのち、解体されて、再び創造される。かくして、輪廻〈サンサーラ saṃsāra〉は果てしなく続いていく。

シヴァ神の〈吉兆〉を示す頭には、陰暦の諸相を示唆する三日月の姿が見える。ガンジスの聖なる流れを示す雛形が、シヴァ神のもつれた髪を飾っている。微笑みを浮かべた髑髏が、彼の被りものの前面を飾っており、左右別々のイヤリングは、シヴァ神の男性的側面と女性的側面を象徴している。

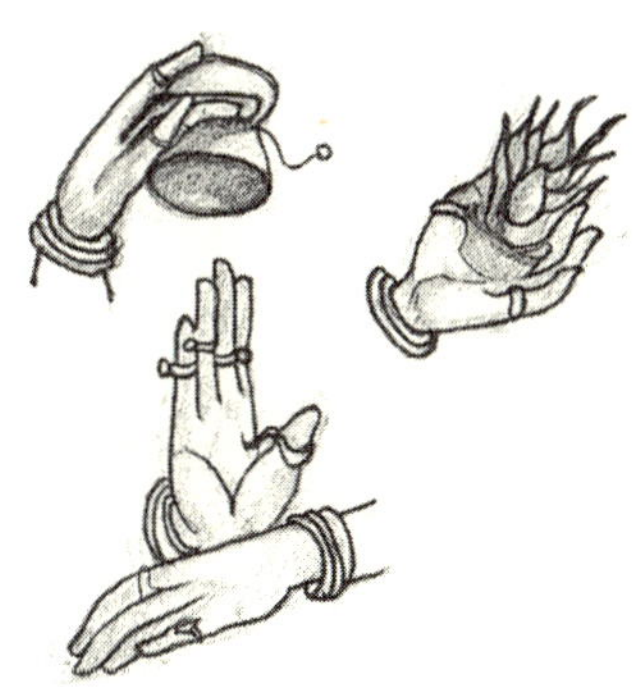

この三つの絵は、シヴァ神の三つの印契を描いている。上の右手では太鼓をもっており、その響きは、宇宙の創造を象徴している。上の左手では炎を握っており、それは、宇宙の創造と同時に行われる宇宙の破壊を象徴している。下に描かれたシヴァ神の両手は、祝福と激励を表わしている。

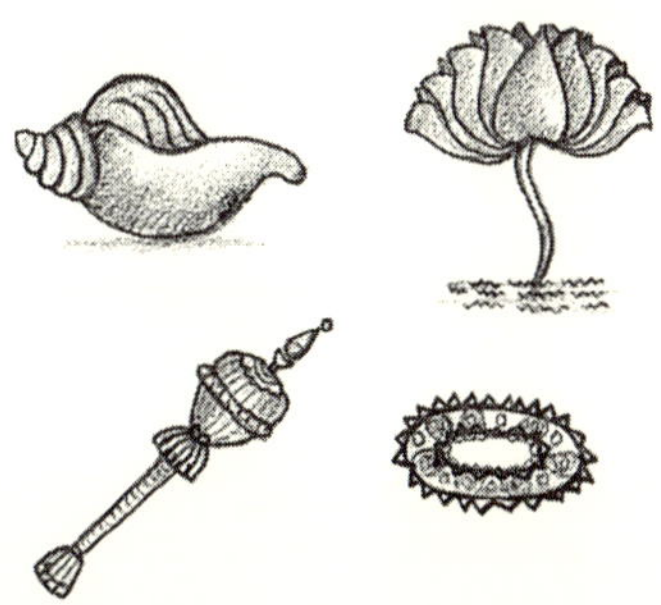

この絵は、ヴィシュヌ神に付きものの4つの徴を描いている。円盤、棍棒、蓮華、ほら貝である。

眼差しから、シヴァと同じ性質を備えた、いとも美しい光輝くような若者が踊り出した。諸天はこぞって、この若者の美しさに驚き、かつまた見惚れたのであった。

ところがパールヴァティーは、夫がこんなにも美しい息子を産み出したことに嫉妬して、腹を立てた。彼女は息子に呪いをかけて、いっそ醜い顔になって象の頭にでもなるがよいと願った。シヴァは彼女の呪いに抗して、たとい頭は象であっても、ガネーシャは成功と失敗の守護神となって、あらゆる行事を取り仕切るのだと宣言した。シヴァはまた、ガネーシャは神々のなかでも立派な神となり、知恵と思慮深さの神となり、あらゆる文書に通じた学識豊かな物書きとなるのだと宣言した。今日ガネーシャは、四本の腕と象の頭をもった、出っ腹の背の低い男として表わされている。

何世紀もかけて受け継がれてきたガネーシャの物語は、彼自身の複雑な性格を示しているが、これらの物語は、また同時に、私たちが現在もっている複雑なガネーシャ像のもとになった、多様な伝統そのものをも示している。そしてまたこれらの物語は、ヒンドゥー教という宗教が、シヴァに由来する不朽のキャラクターにおいてさえ、どんなに流動的なものであるかという点まで示している。

ガネーシャとその兄弟カールッティケーヤの物語のなかには、二人が同じ妻たちをめぐってどんなに張り合っていたかを告げたものがある。諍いをおさめるために、両者は、どちらであれ世界を最初に一周してきた者が、好みの妻を我がものとすることに同意する。カールッティケーヤが出発して、長いことあちこち経めぐったすえにやっと家にたどり着いた。するとそこには、ガネーシャが、まだ出発してもいないというのに、すでに二人の若い女性をそろって自分の妻としてしまっているではないか。象頭の兄弟はカールッティケーヤに向かって説明する。わざわざ世界を一周する代わりに、自分は宇宙そのものに等しい父神シヴァの周りをちょっと一周したのだと。

いくつかの神話では、カールッティケーヤはクマーリー kumārī と結婚している。また別の多くの神話では、彼は女性に興味のない者として描かれている。彼は孔雀にまたがって、弓と矢を携えており、六つの頭と十二本の腕をもっている。カールッティケーヤの由来とその不思議な姿の説明は様々である。よく知られた神話の一つでは、悪魔のターラカ Tāraka が天界で破壊と混乱をほしいままにしていたので、神々はどうしたらこの勝手放題をやめさせられるかを話し合った。神々はターラカを討ってくれる息子を一人生んでくれるよう、シヴァを説得することにした。

あいにくのことに、シヴァはこのうえもなく深い瞑想に入っている。パールヴァティーもまた、深い瞑想に耽っている。シヴァはパールヴァティーのことは念頭になく、パールヴァティーもまた、シヴァのことは念頭にない。これを見た神々は、愛の神〈カーマ Kāma〉に命じて、偉大なる苦行者シヴァに近づいてその心にパールヴァティーへの思いを掻き立てさせることにする。言いつけに従って、カーマがヒマーラヤ山脈のカイラーサ山に赴くと、シヴァは瞑想に耽り、美しいパールヴァティーは花を摘んでいる。カーマは考える、シヴァといえどもパールヴァティーの美しさには心引かれるにちがいないと。そしてカーマは、弓に矢をつがえてこれを放つ。矢がシヴァを射たとき、その胸に欲望が目覚める。だがそのとき、パールヴァティーの姿のほかに、カーマの姿もあった。

この愛の神が自分を弄ぼうとしているのだと気づいたシヴァは、怒りのあまり「額にある第三の眼から火焔を放って」すかさずカーマを焼き殺してしまう。

欲望に目覚めたとはいえ、シヴァは苦行神として、己れの欲望に屈することはなかった。彼はパールヴァティーと結婚することに同意はしたが、子供をもうけることはなかった。そこで神々は事態をいま一度手中に収めようとする。アグニを大使に仕立てて、シヴァに子供をもうけるよう急き立てさせたのである。アグニは小鳥に姿を変えて、グルグル飛び回りながらシヴァを絶えず監視した。アグニは、ついに、この偉大なる神の種を一粒嘴でついばむことに成功する。飛び去りながら、嘴にくわえて運んでいる種がしだいに重くなっていくのを覚えたが、ガンジス河を渡っている途中で、ついに重さに絶え切れず種を落としてしまう。すると、ガンジス河の両岸をまたいで、月のように美しく、太陽のように輝かしい子供が一人、すっくと立っているのであった。これがカールッティケーヤであった。カールッティケーヤがガンジスの一方の岸辺に姿を現わしたとき、姫たちが沐浴にやって来た。彼女たちはそれぞれに、この美しい男子を自分の息子にして、是非とも直々に育てたいものだと考えた。そこでこの新しく生まれた神には、あらためて六つの口が与えられて、六人の姫それぞれの胸から同時にお乳を飲ませてもらうことになったのだという。

ヴィシュヌ神と十の化身

ヴィシュヌは『ヴェーダ』期には従属的な神にすぎなかった。ヴィシュヌは、アーリア人の軍神インドラと結びついていたが、しだいに重要性を増して、二大叙事詩の時代にはヒンドゥー教の三大神、ブラフマー、シヴァ、ヴィシュヌのうち断然他に抜きん出た神となった。

ヴィシュヌは、強大な力をもっているうえ、神々の王でもあるものとして知られている。彼は父親のような存在でもあれば、正義を貫く支配者のような存在でもある。ヴィシュヌ派（ヴィシュヌに帰依する人たち）はヴィシュヌを、神々のなかの最大の神として、世界を維持する維持者として、また永遠不滅の魂として、崇拝している。

ヴィシュヌの肖像では、王衣をまとったハンサムな青年として、大蛇アナンタ Ananta（もしくはシェーシャ Śeṣa）の巻いたとぐろのうえに、神妃ラクシュミー Lakṣmī と寝そべっているものが、最も普通である。彼には四つの手があり、それぞれの手には、ほら貝と、円盤と、棍棒と、蓮の華が、握られている。半分が人間で半分が鷲の巨鳥ガルダ Garuḍa が、ヴィシュヌの乗り物である。ヴィシュヌは、黄金と宝石だけでできていると言われる天上の都市ヴァイクンタ Vaikuṇṭa に住んでいる。この都市は、神話上の存在メール山に建てられている。いくつかの神話では、ヴィシュヌの足下から流れ出ているとも言われるガンジス河が、この都市の岸辺を洗っている。この天界の池では、蓮の華が、青く、赤く、また白く咲いている。ヴィシュヌとラクシュミーは、白い蓮華に囲まれて坐り、太陽のように明るい光を放っている。

ヴィシュヌの維持者としての役割は、宇宙での善の力と悪の力のバランスを保つために生まれたように思われる。事が普通に運んでいれば、この世では神々と悪魔の力は釣り合っている。ところが、時として悪魔の力が勝るように思われることがある。そのような時代には、ヴィシュヌが宇宙の維持者として、地上に化身となって下り、そこでバランスの回復に手を貸すのである。「聖なる法が衰え、悪が栄えるとき、私（ヴィシュヌ）は自身を現わす。善人を救うため、悪人を滅ぼすため、聖なる法を確立するために、私は世紀（ユガ yuga）ごとに出現する。」（『バガヴァッド・ギーター』Ⅳ・六―八）

ヒンドゥー教の神話によれば、ヴィシュヌには〈アヴァターラ avatāra〉と呼ばれる十の化身がいる。どの化身となっても、ヴィシュヌにはそれぞれの務めがある。十の化身のうち、四つは動物である。ヴィシュヌは、⑴魚〈マッツヤ matsya〉となって、大洪水から賢者マヌとヴェーダ聖典を救出する。またこの洪水で神々がいっとき不死の霊薬を失ったとき、ヴィシュヌは、⑵大亀〈クールマ kūrma〉となって大海の底に潜り、この霊薬を取り戻す。

悪魔ヒラニヤークシャが大地を海の底に投げ捨てたとき、ヴィシュヌは、⑶野猪〈ヴァラーハ varāha〉となって海底に身を投じ、大地を牙で救い上げてこれを海上に浮かべる。またいま一人の悪魔、暴君ヒラニヤカシプが、人からも動物からも、また家のなかでも家の外でも、そしてまた昼間でも夜でも、決して殺されることのないという特権をいいことに、行く先々で我がもの顔に振舞い、横暴の限りを尽くしていたとき、ヴィシュヌはこれを討つため、⑷人獅子〈ヌリシンハ nṛsiṃha〉となって、日暮れ時、敷居のうえで、ヒラニヤカシプを殺害する。

他の化身は人間の姿をしている。ヴィシュヌが宇宙をまたいで魔王バリを屈服させたときの、その幅広き三歩の伝説は、ことによく知られている。魔王バリが地上を支配していたとき、ヴィシュヌは一計を案じてこの王の裏をかく。ヴィシュヌは、(5)侏儒〈ヴァーマナ Vāmana〉となって王に尋ねる。三歩でまたぐことのできた分だけ世界をくれるか、と。この侏儒には大した世界は踏破できまいと考えて、バリはよしと言う。するとヴィシュヌは、今度は〈巨人ヴァーマナ〉となって、地界、空界、天界をまたぎ越すのである。また別のとき、士族〈クシャトリヤ Kṣatriya〉たちが権力の座からバラモンを追放しようとした際、ヴィシュヌは、バラモンの、(6)〈斧をもったラーマ〉として知られる〈パラシュラーマ Paraśurāma〉となってこの世に下り、カースト制度が神聖な制度であることを説く。

伝統的に、ヴィシュヌの九番目の化身は、(9)宗教的賢者〈ブッダ Buddha〉だとされている。ヒンドゥー教のあるテキストによれば、ヴィシュヌはブッダとなって、悪人たちに間違った宗教的教えを吹き込んだのだという。また別のテキストでは、ブッダは、生きとし生けるものへの非暴力の教説の一環として、罪なき動物たちを救うために生まれたのだという。

一〇番目の化身は、ヴィシュヌの化身ではただ一人の、まだこの世に現われていない化身である。(10)〈カルキ Kalki〉の名で言及されるこの偉大な神の化身は、この世の終り、すなわち末世に、白馬にまたがって、炎と燃える剣をかざして現われるのだと、信じられている。

これら十の化身はすべて、およそ一一世紀頃までに書かれた聖典のなかに見出すことができる。とはいえ、これらの神々のなかでも最も広い崇拝を集めているのは、ヴィシュヌの第七と第八の化身、(7)〈ラーマ Rāma〉と、(8)〈クリシュナ Kṛṣṇa〉である。

アヨーディヤーの王子ラーマの冒険

アヨーディヤーの王子ラーマは、ヴィシュヌの七番目の化身である。大叙事詩『ラーマーヤナ』（ラーマ行状記）ではラーマの生涯が語られている。すでに述べたとおり、この化身を通じて託されたラーマの務めは、羅刹の都ランカー島の、十の頭をもった魔王ラーヴァナを成敗することである。この魔王退治が『ラーマーヤナ』の中心テーマになっている。

魔王ラーヴァナは、かつてはヴェーダの儀礼の献身的な学生だったと言われている。ブラフマーはその献身への褒美として、ラーヴァナに不死身の肉体を与えた。ラーヴァナを殺すことは、神にも悪魔にもできなかった。ところがラーヴァナはこれを悪用して天界に攻め入り、あらゆる神々を羅刹の都ランカー島に連れ帰って、鎖につないで家来とした。雷神インドラは花環づくりとされ、創造神ブラフマーは伝令とされ、火神アグニは調理人とされ、維持神ヴィシュヌは財産管理の執事とされ、破壊神シヴァは髭剃り役とされ、風神ヴァーユは掃除人足とされ、水神ヴァルナは水汲み役とされた。かくかように、ラーヴァナのブラフマー神への妥協を知らぬ献身にはこれほどまでに深いものがあったため、天界、空界、地界の基盤がことごとく揺さぶられるところとなったのである。

神々はヴィシュヌに申し出て、自分たちを苦境から救ってくれるよう求めた。ヴィシュヌは言った。死すべき定めを免れようとは、確かにラーヴァナも図に乗りすぎていた。だからラーヴァナは、一人の女性と、一人の人間と、動物たちの助けとによって、討ち滅ぼされることになるのだ、と。そしてヴィシュヌは、一介の死すべき身、ラーマの姿に身を変える。とはいえラーマは、ダシャラタ王の長子であった。ラーマの生涯の物語を通じて、私たちは魔王ラーヴァナの最期へと導かれていく。

ラーマはシーターという名の娘と結婚する。結婚後間もなく、父王ダシャラタは退位してラーマに王位を譲ろうとする。ところが王妃カイケーイーは、ずっと昔約束してくれた恩典を賜わるよう王に求め、我が子バラタを王位につけて、ラーマを十四年間追放してくれと迫る。ダシャラタ王は全き落胆のなかで、致し方なく約束に従う。

ラーマは一人追放の身に耐えようとしたが、愛妃シーターと弟で最愛の友でもあるラクシュマナが、ラーマに従うと言って聞かなかった。そこで、家臣たちがそろって嘆き悲しむなかを、一行は森へと赴いた。父王ダシャラタは悲しみのあまり日ならずして逝去する。

とかくするうち、バラタは兄ラーマの即位のため旅からの帰路についていた。事の次第を知ったバラタは、唖然とする。バラタは兄の後を追って森に出かけ、兄を説得して王位につけようとする。けれどもラーマは、父の言葉にそむくことはできないと言って、丁重に弟の申し出を断る。バラタは国に帰りはしたが、ラーマの靴を一足玉座に載せてこれを本来の王の象徴とし、みずからは副王の位にとどまる。

魔王ラーヴァナの妹シュールパナカー Śūrpaṇakhā が、ラーマとシーターとラクシュマナの住んでいる森にしばしばやって来た。彼女はラーマを見初めたが、シーター妃を愛しているラーマはシュールパナカーを近づけようとしない。腹を立てたシュールパナカーは、今度は愛情をラクシュマナの方に振り向ける。ラクシュマナはシュールパナカーを完全に無視した。彼女がしつこく迫ると、ラクシュマナはひどくうるさがってシュールパナカーの耳と鼻を切り落としてしまう。

怒り狂ったシュールパナカーは、シーター妃がいかに美しいかをこと細かく吹き込んで、兄の魔王ラーヴァナをそそのかす。彼女は兄に、シーターが兄にとってどんなに理想的な妻となるかを告げる。ラーヴァナはすっかりその気にさせられてしまうが、彼もまた、ラーマの力は心得ていた。ラーヴァナには、シーターをラーマから連れ去ることは至難の業であることがわかっていた。

シーターを手に入れるため、ラーヴァナは一頭の魅惑的な鹿を森に放つ。この鹿はとても美しかったので、シーターはラーマとラクシュマナに頼んで自分のために捕まえてくれと言う。二人の兄弟がこの鹿を追いかけているすきに、ラーヴァナは苦行者に化けてシーター妃に近づき、彼女を自分の戦車に乗せて羅刹の都ランカー島の黄金の宮殿まで連れ去ってしまう。途中、ラーマの友、鷲のジャターユス Jaṭāyus がこれを見て、シーター妃を救い出そうとするが、致命傷を負ってしまう。

一方二人の兄弟は、例の魅惑的な鹿を捕らえようと追い求めたすえに、やっと帰ってくる。二人は鷲のジャターユスを見つけて、この傷ついた鳥から事の次第を聞かされる。大いに困惑したラーマは、愛妃シーターを救い出そうと計画を練る。彼は猿王スグリーヴァ Sugrīua と同盟を結んで、

ナシーク河の堤のうえで、猿神ハヌマーンの巨大なレリーフが、洗濯している人たちをじっと見つめている。ハヌマーンは、理想的な献身的信者の象徴であれば、無執着の象徴でもある。

猿と熊の軍勢を提供してもらう。この軍勢の総大将は、風神ヴァーユの息子で怪力の神猿ハヌマーン Hanumān であった。ハヌマーンは、羅刹の都ランカー島に真っ先に乗り込み、ラーヴァナの王宮にまでひとっ飛びして、庭にシーター妃が一人もの思いに沈んでいるのを見出す。ハヌマーンは証拠にラーマの指輪を渡して、ラーマが必ず助けに来るからと安心させる。ところがハヌマーン自身はラーヴァナの護衛に捕まって、魔王の前に引き出される。ラーヴァナは護衛の者たちに命じて、ハヌマーンのしっぽに油のしみた綿屑をまいて、火をつけさせた。けれどもハヌマーンは、火のついた尻尾を振り回して建物から建物へと飛び移りながら、かろうじて逃げ帰ることができた。ハヌマーンはシーター妃のいる宮殿だけは除いて、王宮の建物すべてを焼き払ったのである。

ハヌマーンは空を翔ぶことができたので、海を渡って本土に戻り、ラーマに合流する。ハヌマーンの報告を聞いて、ラーマは猿の軍勢を引き連れてランカー城に赴き、城門を前に決戦を挑む。戦いの間、黄金色に輝く肌と赤い顔と巨大な尻尾をもったハヌマーンは、勇猛果敢に攻め立てる。だが何と言っても最大の勲功は、そのひと翔びで、ヒマーラヤの山中から薬草を持ち帰り、傷ついたラーマとラクシュマナを助けた点にある。

ラーヴァナの軍勢も手強かったが、ラーヴァナの二人の兄弟をも含めて、悪鬼全員が殺された。最後にラーマとラーヴァナは一騎打ちとなる。二人が戦うと大地はどよめき、神々は全員かたずを飲んで見守った。ある点でラーヴァナの力が自分に勝ると感じたラーマは、多くの神々の力が融け込んだ恐ろしい魔法の武器、ブラフマーストラ brahmāstra を取り出して弓につがえ、ヴェーダの呪文を唱えながらラーヴァナに射かけて、ついにこれを倒すのである。その瞬間、神々はいっせいにラーマのうえに花環の雨を降らせた。ラーマとシーターはめでたくまた結ばれて、ラクシュマナとハヌマーンを伴って故国に帰っていく。

ラーマの治世下では、国民はこの上もない平和を享受したという。けれども国民は、シーター妃についてあらぬ噂を立てはじめる。シーター妃がラーヴァナの宮殿にいたことから、王妃としてふさわしくないのではないかという疑いを抱いたのである。国民がシーター妃に不信の念を抱いたため、ラーマは、すでにそのとき身重の身ではあったが、シーター妃を追放するしかないと感じる。シーター妃は森の隠者のもとに身を寄せて、そこで双子の息子、ラヴァとクシャを生んだ。

この双子の兄弟が一五才になると、二人は王都を訪れ、父王ラーマに息子と認められる。ラーマは使いを出してシーター妃を呼び寄せる。ラーマは、シーターが身の潔白を公言できるよう、大集会を召集する。シーターは集会を前に、自分の母親である大地の神にむかって呼びかける（シーターは、実は畑から生まれていたのである）。大地は口を開けて、彼女をその子宮に飲み込んでしまう。ラーマは悲しみのあまり、我を忘れて彼女の後を追おうとする。彼が川のなかに歩み入ると、ブラフマーの声がして、ラーマを再び天界に引き上げるのであった。

クリシュナ

ヒンドゥー教で最も広く崇拝されている神々のうちに、ヴィシュヌの八番目の化身、クリシュナがいる。その人気の秘密の一端は、彼のこのうえもなく華やかな性格にあると言ってよい。子供時代からクリシュナは、数々の奇跡を現じて手柄を立てた。若い頃は牧女たちを相手に戯れていた。青年時代には、ヴィシュヌがそのために化身となって地上に下った、己れの天命を全うする。中年期には偉大な支配者として、大叙事詩『マハーバーラタ』を通じて叙述されている神話上のマハーバーラタ戦争に参加する。

クリシュナの物語は、暴虐な王の姿をとって地上に出現した悪魔、カンサ Kaṃsa とともに始まる。カンサは、父ウグラセーナの玉座を強奪して、父を幽閉してしまう。またカンサは一人の賢者から、自分が、同族のある女性の息子に玉座を奪われると聞かされていたので、その女性の子供を皆殺しにしてしまう。六人の子供は即刻殺されたが、七番目の子供バララーマと八番目の子供クリシュナは、奇跡的に難を逃れて、ひそかに養父母の手に渡される。カンサはこの二人の逃亡を知って、虐殺を命ずるが、この兄弟は再び難を逃れる。クリシュナの養父母ナンダとヤショーダーがゴークラにまで逃れて、そこで二人を乳搾りと牧夫の間で育てたからである。

幼い頃からクリシュナは二重の性格を示した。あるときは、ただの可愛い児であったが、また別のときには、並み外れた超人的力を発揮した。ある人気の高い神話では、美しい女に化けて毒入りの胸で赤ん坊に授乳していた鬼女のプータナー Pūtanā と、クリシュナの出会いのことが語られている。プータナーの毒もクリシュナを害することはできなかったが、それはクリシュナが、あまりにも激しい勢いでお乳を飲んだため、プータナーの生命まですっかり吸い取ってしまったからであった。幼いクリシュナは、養母や乳搾りの娘たちを相手に悪戯をしては喜んでいた。例えば凝乳やバターを盗んだり、果物をとろうと果樹園に忍び込んだり、ミルクの桶をひっくり返したり、自分のした悪戯を他所の子たちのせいにしたり、等々といった具合であった。

青年になるとクリシュナは、多くの娘を相手に浮名を流して評判になった。ある話によれば、クリシュナは、醜いせむしの娘に出会うが、娘は暴虐な魔王のために香油を届けていた。クリシュナが少し香油をくれないかと頼むと、女はクリシュナのからだに香油を塗ってくれた。そこでクリシュナはお返しに、自分の足で娘の足を踏んで、娘の顎を上げさせ、娘のからだを真直ぐにしてしまったのだという。また、ラーダーという乳搾りの娘を相手にした冒険譚は、その美しさと官能的記

牛飼いクリシュナとその恋人ラーダーの恋愛は、何百というヒンドゥー教の歌と物語によってよく知られている。2人の恋愛は、守護神に対する信者の憧れを象徴している。

述で有名である。こうした物語には、ある種の精神的な意味も込められている。というのも、そうした物語のなかでは、クリシュナは宇宙の魂を象徴し、乳搾りの娘たちは、究極の実在と一体化してみずから目覚めに達することに憧れる、個人の魂をあらわしているからである。

クリシュナが大人に成長していく間じゅう、カンサはクリシュナの殺害を画策しつづけたが、クリシュナはこの暴君の試みをそのつどかわすことができた。クリシュナは逆立ち踊りをすることで蛇の形をした悪魔カリヤを退治し、この若き神とその仲間を焼き尽くそうと使わされた火の悪魔をも呑み込んでしまう。

最後に魔王カンサは、クリシュナとその兄バララーマを一挙に殺害してしまう巧妙な計画を立てる。二人を殺すため、カンサは一連の運動競技会を催して、二人をそれに招待するのである。競技の開かれるマトラ宮殿に赴く途上、クリシュナとバララーマは、悪霊、妖怪、悪鬼などから成るカンサの軍団に次々に出会う。クリシュナとバララーマは、こうした悪しき者どもの裏をかいてこれをやっつけ、加えて、競技に現われた身の毛もよだつような悪鬼どもの大群の裏をもかいてこれを蹴散らす。最後に、カンサみずからがクリシュナと対決するが、それも、賢者の予言が見事に的中する結果となったにすぎない。クリシュナがカンサの命を奪ってしまうのである。こうしてクリシュナは、正当な王として、カンサの父ウグラセーナを王位に復帰させる。またクリシュナは、冥界に下って、生まれたときカンサに殺された六人の兄弟たちを生き返らせる。クリシュナはこれを機に、田園生活に別れを告げて、封建国家の太子と成るのである。そしてここから彼は、生涯の最後の段階に入っていく。

悪の力とのクリシュナの戦いが頂点に達するのは、クリシュナの一族、パーンダヴァ Pāṇḍava 家とカウラヴァ Kaulava 家の間で、マハーバーラタ戦争が起こったときである。戦争をひかえた会議で、クリシュナは敵対勢力の調停を試みるが、効果はなかった。クリシュナはこのとき、戦闘に積極的に加わることはしないと約束していたので、パーンダヴァ家の一人、アルジュナの御者に身を変える。アルジュナはこの御者に、戦場を一望できる地点にまで進ませる。同じ一族の敵対しあう勢力同士を眼下にして、アルジュナは問う、なぜ同じ一族で殺し合わねばならないのかと。

アルジュナに対するクリシュナの答え——これは、ヒンドゥー教のよく知られた聖典『バガヴァッド・ギーター』（以下『ギーター』）に収められている——は、宗教的務めと神への献身とをめぐるものであった。その議論のなかでクリシュナは、アルジュナに向かって、この世のはかない存在を超えた、忠実に従わなければならない、より高い宇宙の秩序について語って聞かせる。クリシュナは、アルジュナが戦士のカーストに属することを指摘し、戦士としての務めを果たすべきことを指摘する。クリシュナはまたアルジュナに、肉体は亡ぶとも、魂は永遠であることを教える。

クリシュナの物語は、ヒンドゥー教の多くのテキストに出てくるが、最もよく知られ、最も大きな尊敬を集めているのは、やはり『ギーター』に出てくる教えである。『ギーター』は、『マハーバーラタ』の十万におよぶ頌（頌は十六音節二行の詩）の、（およそ十九章から成る）ごく短い一節にすぎない。多くのヒンドゥー教徒は『ギーター』のなかのいくつかの節をそらんじており、しばしば

『ギーター』の一節が日々の礼拝中に読誦される。『ギーター』の教えはこの聖典ではクリシュナによって語られているが、この聖典そのものの作者は不詳である。

『ギーター』は、ヒンドゥー教の思想と実践の様々な系統同士に違いをもたらすのではなく、むしろそれらの間の一致点を強調している。『ギーター』は、そうすることで、宗教的ならびに哲学的な統一をもたらしているのである。『ギーター』は、個人の務めないし社会的義務をあらわす自己の本務〈スヴァダルマ svadharma〉について説き、あらゆるカーストの存在意義について説き、さらにまた、宗教の最も実り多い形として、神々への絶対帰依ないし信愛〈バクティ bhakti〉の精神を説いている。『ギーター』では、献身的に帰依する者のうえに祝福と恵みをもたらす守護神の存在が、想定されているのである。

『ギーター』のなかで、クリシュナは自分に帰依する者たちに対する関係を次のように説明している。

> 人が親愛をこめて私に葉、花、果実、水を供えるなら、その敬虔な人から、信愛をもって捧げられたものを私は受ける。
>
> たとい極悪人であっても、ひたすら私を信愛するならば、彼はまさしく善人と見なされるべきである。彼は正しく決意した人であるのだから。
>
> 速やかに彼は敬虔な人となり、永遠の寂静に達する。アルジュナよ、確信せよ。私の信者は滅

びることがない。
実に、私に帰依すれば、生まれの悪い者でも、婦人でも、ヴァイシャ（生産業者）でも、シュードラ（従僕）でも、最高の帰趨に達する。

（第九章・二六、三〇―三二）

アルジュナとクリシュナの関係は多くのレヴェルにわたっていた。アルジュナは、クリシュナの戦士として、また弟子として、クリシュナに完全に帰依していた。けれどもクリシュナがアルジュナに向かって、あらゆる神々にして創造神ブラフマー、創造神ブラフマーにして世界霊魂ブラフマンという、その畏るべき姿を示現したとき、アルジュナの帰依はさらに揺るぎないものとなる。かくしてアルジュナのクリシュナに対する思いの中心は、霊感に打たれた畏怖心となった。

動不動の諸物の世界にとって、あなたは父である。あなたは敬まわれるべきであり、最上の尊師である。三界において、あなたに等しい者はなく、いわんや勝る者は他にいない。無比の力をもつ方よ。
それ故、敬礼し、身を投げ出して、讃えられるべき主であるあなたに、私は恩寵を請う。父が子に対するように、友が友に対するように、恋人が愛しい女に対するように、神よ、どうかお許し下さい。

アルジュナとクリシュナの関係は、守護神をいただいた個人というものがどんなものであるかを、一つの具体例として示してくれる。神に対するこのような関係は、八世紀から一六世紀にかけて、インド全土において、詩人・賢者たちを通じてさらに磨きをかけられていった。かくして、人気の高い文学が幅広い形で生み出されていくのである。（第一一章・四三―四四）

クリシュナと兄のバララーマは、生涯の最後の日々を森の隠棲所で過ごす。しかしバララーマは、クリシュナが眠っている間に息を引きとる。クリシュナが川のほとりの無花果の木陰でひとり兄の死を悼んでいると、通りかかった猟師が鹿と間違えて矢を放つ。矢は急所の踵に当たって、クリシュナは悲劇的な最期をとげる。

大女神マハーデーヴィー・シャクティ

女神たちは、その帰依者たちが大地の豊饒性を女神の姿に刻んだインダス河流域のアーリア前期より、一貫して崇拝されてきた。ヴェーダ期には、すでに重要な女神たちが現われている。大地の女神〈プリティヴィー Pṛthivī〉、弁舌と知恵の女神〈ヴァーチュ Vāc〉などが、それである。

二大叙事詩の時代になると、三大神の神妃、サラスヴァティー Sarasvatī、パールヴァティー Pārvatī、ラクシュミー Lakṣmī はいずれも、すでにしてそれだけで別格の神となっていた。現在、サラスヴァティーは（ヴァーチュと結びついて）、あらゆる創造的技芸と学問と知識の女神と見なされており、シヴァ神の妃パールヴァティーは、ヒマーラヤ山脈と結びついて、シヴァ神同様、はかり知れない苦行的特質と性愛的特質とを併せもっている。またヴィシュヌの神妃ラクシュミーは、力と幸運のシンボルとして、蓮の華と結びついている。

これらの女神は、女神崇拝者のうちでは大いなる尊敬を集めるようになったが、何と言っても大女神マハーデーヴィー・シャクティが、一つの究極の実在である。主要三女神に加えて、多数の従属的女神がヒンドゥー教徒たちから崇拝されているが、女神はすべて、大女神マハーデーヴィーの

大女神シャクティもしくはマハーデーヴィー。シャクティも、シヴァ神同様、恐ろしい面と吉兆をたたえた庇護的な面とを併せもつ。ここでは、シャクティはヒンドゥー教の三大神、ブラフマー、ヴィシュヌ、シヴァと、太陽神スーリヤとに囲まれて、吉兆をたたえた姿で描かれている。

現われとされている。六世紀の『マールカンデーヤ・プラーナ Mārkaṇḍeya-Purāṇa』の人気とともに、この大女神に対する崇拝が揺るぎないものとなった。現在、女神崇拝は主として村落に見られ、こうした女神の多くはその土地だけで名声を得ているにすぎない。村人たちの心のなかでは、こうした土着の女神はすべて、大女神シャクティと結びついているのである。

大女神マハーデーヴィーは、積極的で力にあふれた女性として、世界の安定や帰依者たちの要求などに気をつけている。彼女は、太母神という側面や献身的な配偶者もしくは献身的な妻という側面など、そのさまざまな側面から崇拝されている。彼女の性格は、恵み深さと破壊性の二面をもっている。ヒンドゥー教徒は、マハーデーヴィーのこの二面を、生と死、創造と破壊、力と静止など、プラスとマイナスの力を併せもった秩序整然たる宇宙の、自然な一部と感じている。

サティー Satī、パールヴァティー Pārvatī、ドゥルガー Durgrā、カーリー Kālī などの姿をとって現われる大女神〈シャクティ Śakti〉の複雑さは、夫のシヴァ神と分かちもつ様々な役割を通じて表現される。シャクティは、優しさと荒々しさとを併せもつ。シャクティは、優しい姿、賢者の娘サティーとなって現われるが、サティーは父親の願いに背いてシヴァと結婚する。父親がシヴァを夫と認めてくれないと、父親の供犠の火にみずから身を投じて生贄となってしまう。しばらくしてサティーは、山岳の神ヒマヴァットの娘パールヴァティーとして生まれ変わる。パールヴァティーは厳しいヨーガを行っており、シヴァは彼女のヨーガの力に心を打たれて、彼女をまた妻とする。

また大女神シャクティは、荒々しい姿ドゥルガー［近寄り難い者の意］となって現われる。ドゥルガーは、ブラフマー、ヴィシュヌ、シヴァおよび他の神々の口が吐き出した、怒りの炎から生まれる。ドゥルガーは、水牛マヒシャ Mahiṣa の姿をとった悪魔（アスラ）を殺すため、神々がわざわざ生み出した存在である。マヒシャが、禁欲を通じて、天界から神々を追い出してしまうほどの力を身につけていたからである。

ドゥルガーは、はじめからすっかり成長をとげた美しい女性戦士として、ヒマーラヤの森から虎にまたがって現われる。彼女は神々から直々に武器を与えられて、十本の手のそれぞれには、特別の武器が握られている。ヴィシュヌの円盤、シヴァの三叉の戟、アグニの燃え立つ矢、インドラの雷霆、ヴァルナのほら貝等々が、それである。ドゥルガーはこれらの武器で水牛の形をとった悪魔を殺して、神々を本来の王国に連れ戻す。

また別のとき、神々は悪魔の兄弟スンバとニスンバを追い出してくれるよう女神ドゥルガーに訴える。シヴァはこの兄弟に、神々をも震撼させるような厳しい苦行を行った褒美に、不死身のからだを与えていた。ドゥルガーは、悪魔をも退治できる女神として、この兄弟と戦うことに同意する。彼女がスンバの前に現われると、スンバはドゥルガーに欲情をもよおして、ドゥルガーを我がものにしたいと願う。ドゥルガーは、スンバが自分と戦って勝ったならば、望みに従おうと言う。スンバは、自分に許された不死身も、ただ男性の神々から自分を護ってくれるだけで、女神からも護ってくれるわけではないことも知らずに、この条件をはやる気持ちで受け入れる。こうしてドゥルガーは、スンバを手始めとして、ニスンバをも楽々と成敗してしまうのである。

姿こそ優美ではあったが、ドゥルガーは、自分を神々や人間から護ってくれる恵みを授けられていた悪魔たちを相手に、何度も戦う。彼女の主たる役割は、定期的に現われてはこうして悪魔の重圧と戦うことで、宇宙の秩序を維持したり防衛したりする点にあった。

〈黒き者〉を意味するカーリー女神は、大女神シャクティの最も恐ろしい面を体現している。彼女が目覚めたあとは、流血と病と死が続く。その身体は、骨でできた恐ろしい飾りで覆われており、人間の髑髏を連ねた紐が首の周りを飾っている。二本の手では剣と短刀を振るい、残る二本の手では、二人の巨人の、血の滴る恐ろしい生首をぶら下げている。髪は振り乱し、口からは牙を生やし、額の真ん中からは第三の眼で相手をじっと睨んでいる。またしばしば、長い舌をだらりとたらした姿で描かれていることもある。彼女は死の力を克服しているため、火葬場を住まいとして、死体のうえに鎮座している。

ある神話によれば、カーリー女神はこの世から恐ろしい暴君ラクタビージャ Raktabīja を片づけた。ラクタビージャから血が一滴したたるたびに、何千もの悪魔が生まれていた。そこでカーリーは、ラクタビージャを殺害して、その身体から血をすっかり飲み干してしまったのだという。

そのおぞましいすべての特徴を通じて、カーリー女神は死を表わす最後の切り札となった。多くのヒンドゥー教徒は、人生の苦痛と恐怖をことごとく映し出した、この女神のそら恐ろしい様相に打ち勝つことができれば、精神的目覚めに達することができると信じている。

ヒンドゥー教の神々と女神のしばしば拡大の道をたどった万神殿〈パンテオン〉は、何世紀にもわたる変化の過程を通じて、たがいに異質な信仰の広大な広がりを、その懐に擁してきた。過去に現われたもろもろの哲学や教派に共通しているのは、これまで可能と考えられていたどんなものより、もっと個人的なレヴェルで究極の実在を実感したいという目標であった。こういう欲求は、しだいに人気を増して、ついには守護神への人格的献身に立脚した、影響力の大きな運動となっていった。

献身的信仰もしくは信愛〈バクティ bhakti〉

叙事詩とプラーナ聖典を通じて最も重要なテーマをなすのは、献身的信仰もしくは信愛〈バクティ〉というテーマであった。初期のバクティ運動には、ヒンドゥー社会においてイスラーム統治時代以前から起こっていた、もろもろの文化的ならびに社会的変化が反映されていた。バクティ運動では、『ヴェーダ』の権威が公然と破棄されることはなかったが、『ヴェーダ』にもとづく伝統的な行事や態度からの大きな変化が、それに反映していた。より新しい宗教的テキストは、バクティにもとづく信仰がその他の救済手段とは別格であることを強調している。

バクティというのは、神への私心のない絶対帰依を表わす一つの生き方だと考えられた。この運動のメンバーたちは、絶えず心に神の姿を描きながら、男性神や女性神の名を唱え、男性神や女性神への讃歌を朗唱した。この帰依者たちは、自分と他人の間には何の違いも認めてはならず、嫉妬にも、偽りにも、羨望にも、傷害にも、ひとしく染まってはならないとされた。バクティの帰依者たちは、自分の生まれや富を鼻にかけてはならないともされていた。結局のところバクティの教えでは、救済というのは、ただ信仰者の敬虔な心にしかよらないのだから、生まれやカーストは本人の救済になんら重大な影響をもたないと、説かれたのである。

献身的信仰の強調は、社会的態度のなかにまで及んでいった。物質的貧困は好意をもって眺められ、虐げられている者、苦しんでいる者、見下されている者などには、大きな同情が寄せられた。そしてカーストの区別など関係ないと宣言された。ヒンドゥー教の伝統では、女性たちは、母親としてまた妻として、重要な役割を果してきたが、インドの歴史全体から見れば、社会的習慣や宗教的習慣から離れることができさえすれば、他の様々な生活分野でもつねに目を見張るような貢献を示してきた。宗教の分野でも、バクティ運動の詩人・聖者として、二人の女性の名が浮かんでくる。一四世紀のラレッシワーリ Lalleshwari と一六世紀のミーラー・バーイ Mira Bhai の名が、それである。

（八世紀から一七世紀にかけての）バクティ運動の作家たちは、庶民の話す言葉で、その土地土地の宗教について書くことを選んだ。それは、『プラーナ』聖典の言葉であるサンスクリット語が、バラモン階級の学識ある者にしか教えられていなかったからである。サンスクリット語は、昔は、あまり教育のない人たちからもちこまれたと思われる若干の庶民的表現を含んではいたが、やはりエリートの言葉であった。バクティの作家たちは、自分たちの文学を他の何よりも近づきやすいものとするために、サンスクリット語では書かないことを選んだ。

神への献身的信仰の言葉と言っても、それは人間的感情にあふれた言葉であった。時としてそれは、きわめて熱烈なものとなって、そのため苦痛にみちた言葉、ひどく感動的な言葉、はなはだ個人的な言葉が用いられることもあった。詩人・賢者たちは、神々に対する自分たちの関係を、恋愛、友情、絶望、喜びの言葉でつづった。彼らが言わんとしたのは、バクティの目標は、神とのきわめて人格的な関係を通じての救済であって、非人格的なブラフマン（宇宙的霊魂）との単なるあいまいな一体化などではない、ということであった。バクティによる救済には、至福にみちた献身にもとづく、神との永遠の関係が含まれていた。この関係では、以前に苦行者たちが描いたような一体化の関係とは違って、あくまでも帰依者と究極の実在は、別々の存在にとどまろうとする。ある詩人の言葉を借りれば、神に帰依するというのは、「砂糖になることではなく、砂糖を味わうことなのである」。

この運動の詩文のなかでは、献身的信仰の身を焼くような激しい情熱が顕著である。詩人たちはその土地土地の多様な言葉で何千編もの詩を生み出した。詩人たちは、この宗教的運動を地方から地方へと広めながら、人々に仕え、人々を一つに纏めていった。詩人たち自身は、ヒンドゥー社会のさまざまな社会的階層から出てはいたが、詩人たちは〈バラモン教〉を活きいきしたものとして保つことに貢献した。彼らはヒンドゥー教を誰にも役立つものとすることで、ヒンドゥー教の観念や信仰にたえず活力を注いでいったのである。

こうした信仰促進の役割を通じて、抜きんでた表現力をもった詩人たちは、インド全土で絶大な人気を博するようになった。インド南部出身の八世紀のある詩人は、次のように書いている。

私は誤りです。私の心も誤りです。私の愛も誤りです。
けれども、この罪人である私にも、主よ、私があなたの前で泣けば、
あなたを私のものにすることができるのです。
蜜のように甘く、果汁のように甘く、砂糖きびのように甘いあなたよ。
私の手があなたにとどくよう、どうか私に祝福を与えて下さい。

一四世紀のカシミールのバクティ派の女性詩人ラレッシワーリは、寺院崇拝に反対して次のように書いた。

イメージも寺院も、石でできており、上も下も
一つのものだというのに、
愚かな学者よ、あなたはそのどちらを崇拝するというのです。
あなた自身のうちに、心と魂の結合があることもわからぬ人よ。

彼女は宗教的迫害や宗教的差別をあざ笑って、次のように述べている。

シヴァ神がこの宇宙にしみ込んでいる。
だからヒンドゥー教徒だイスラーム教徒だと言って、差別してはならない。
もしあなたが鋭敏さを保って、自分をよく知っているのなら。

ある者は家庭を捨て、
ある者は森に棲む。
だが、自分で自分の心を抑えられないのなら、
隠者を気取ったところで、何になろう。

南インド出身の一二世紀のバクティ派の詩人バサヴァンナ Basavanna は、金持ちの信者のように寺院を建てることができなかったので、自分の守護神に自分のからだを献じたのである。

金持ちは
シヴァ神のために寺院を建てようとする。
では、貧しい私は

どうしたらよいのだろう。

私の両脚、これが柱だ。
私の胴体、これが社(やしろ)だ。
私の頭、これが金色の塔だ。

主よ、お聞き下さい、
建っているものは崩れますが、
動いているものは決して静止することはありません。

この詩のなかでは、詩人のからだが寺院になぞらえられている。彼は私たちに思い起こさせる。寺院といえども、その最初のシンボリズムを忘れたならば、ただのモニュメントになってしまうことを。自分のからだを寺院に同一化することで、詩人は、自分のからだを聖なるものとし、みずから自己を神に献げている。彼は強調している。金持ちはただ寺院を建てるだけだが、貧しい者は自分が寺院となって、献身的信仰の熱烈さと純粋さを披瀝するのだと。

詩人・賢者たちは、イスラーム教支配のもとにあってヒンドゥー教の伝統を引き継いだだけでなく、さまざまな地方的伝統を一つの国家的宗教へと統合することで、ヒンドゥー教の伝統をインド全土にまで拡大しもした、神のごとき人たちと見られている。この人たちは、人間と神的なものを結ぶ一つの環のような存在として、各人のうちに神的要素が棲まっているのだというヒンドゥー教の観念を、みずから身をもって象徴したのである。

ヒンドゥー教のあらゆる教派が織り合わされて一つの複合的体系を作りあげたのは、こうしたバクティ派の聖者たちのおかげであった。とはいえ、社会的・文化的統合に続いて政治的統合まで生じたわけではない。紀元七一二年に、アラブの、ムハンマッド・イブン・カシムMuhammad ibn Kasimというまだ二〇才にしかならない武将がインダス河流域に攻め入って、イスラームによる試練と変革の時代をもち込んだため、その後のヒンドゥー教は、己れの相貌を永久に変えてしまうことになる。

5

政治的・社会的変化

インドにとってもヒンドゥー教にとっても、八世紀は、一連の果てしない変化と試練の幕あけであった。ヒンドゥー教は、新しい宗教、新しい支配者、新しい法律、新しい聖者とともに、安定性と柔軟性を併せもった一つの独自の宗教生活の道となっていく。

イスラーム教とインド

イスラーム教はインドの地に、まず始めは一つの宗教として入り、それから一つの政治勢力として入っていった。アラブのインド侵入が始まったのは八世紀であったが、それからおよそ三世紀後には、アフガニスタン人、トルコ人、ペルシャ人などのイスラーム教徒がインドを征服し、なおかつ統治者としてインドに留まった。一三世紀には、すでにイスラーム教支配が北インドのほぼ全域で花開いており、新しい支配者たちの文化的ならびに政治的中心はデリーにあった。

インドのイスラーム文化は、ムガル帝国のもとで頂点に達した。ムガル王朝は、一六世紀初頭にペルシャの将軍バーブル Babur によって築かれたが、ムガル帝国はバーブルの孫アクバル大帝の治世下（一五五六―一六〇五）で栄耀を極めた。だがこのムガル帝国も、一八世紀初頭には衰退してしまう。

イスラーム教支配者たちは、およそ九世紀にわたってインドの地を支配した。ヒンドゥー教徒はこの支配にさまざまな仕方で対応した。なかにはイスラームに改宗する者もいたが、大多数は自分たちの宗教的遺産への忠誠を保った。イスラーム教支配下のヒンドゥー教徒にとって暮らしは困難であった。イスラーム教支配者たちは非イスラーム教徒に特別税を課したからだ。そのうえ、ヒンドゥー教寺院も打ち壊され、無数の神像も破壊された。イスラーム教徒たちはヒンドゥー教徒たちを異端の神々を崇拝する者と見なし、わけてもヒンドゥー教徒の神像崇拝の伝統を軽蔑したのである。その結果、両グループの間には長く続く敵意が生まれるところとなった。

概して言えば、ヒンドゥー教徒とイスラーム教徒の間には交流はなかったが、この時代の詩人・賢者たちはいずれの宗教にも等しく帰依したうえ、イスラーム教徒は学者や芸術家を支援し、そのなかでヒンドゥー教徒の占める割合はかなりにのぼってもいたため、ヒンドゥー教がイスラーム教の影響を受け、イスラーム教がヒンドゥー教の影響を受ける結果となった。この影響関係のなかにはかなり直接的なものもあった。イスラーム教徒たちは、バラモン教の伝統を支えるエリート主義を抑えこむ一方で、「バクティ」のような献身的信仰運動の発展を助長したのである。イスラーム神秘主義の「スーフィズム」とヒンドゥー教の「バクティ」運動には多くの共通点があった。どち

マハートマー・ガーンディーは、生涯、非暴力・無執着・相手の身になって考えること、の理想を掲げて、みずからもこれに従った。ここでは、ニューデリーの不可触民のコロニーでの孫娘たちと一緒の姿が写っている。その向こうには、インドの初代首相のジャワーハルラール・ネールーの姿も見える。

らも、神への直々の人格的関係を強調したうえ、教派組織や正統的聖典などには背を向けて、むしろ献身的信仰に向かう点に大きな特色をもった宗教観を産み出してもいたからである。

この時代の最も人気の高い詩人・賢者はカビールであった。カビールは、イスラーム教徒として育てられたが、スーフィズムの影響を受け、後にヒンドゥー教に帰依した。彼は神への愛を強調して、神はカーストや信条などには関わりなく、愛には愛をもって応えてくれるという考えを強く説いた。カビールの著作は献身的信仰の簡素な性質を伝えてくれる。

私は寺院の鐘を鳴らすこともない。
私は偶像を玉座に置くこともない。
私は花で飾られた神像を拝むこともない。
主にとって愉快な苦行も、
肉欲を制するものとなることはない。
衣服を脱ぎ捨てて、自分の感覚を殺したところで、
主を喜ばすことになるわけではない。
優しい心で正しい道を歩んでいる人、

この世のどんな出来事に出会っても、じっと静かな心を保っている人、
この世のどんな生きものも自分自身なのだと考える人、
実にその人は、不滅の存在に達する人である。
なぜなら、真の神がつねにその人とともにいまし給うのだから。

一六世紀にムガルのアクバル大帝が権力の座についたころには、すでにヨーロッパ・インド間の海路が立派に確立されており、一五四〇年代には、聖フランシスコ・ザビエルがインドにキリスト教の伝道施設を建てた。司祭たちはアクバルをキリスト教に改宗させようとしたが、アクバルはキリスト教のみならず、他の宗教にも好奇心を寄せていた。アクバルは宗教的寛容の政策を打ち出して、非イスラーム教徒に対する課税を廃止したりした。しかし、アクバルの後継者は再び税をかけて、多くのヒンドゥー教寺院を荒廃させてしまう。

英国統治

一七〇〇年には、ムガル帝国はすでに衰退していて、インドのあちこちの海岸地域には、ヨーロッパの貿易施設や伝道センターが建てられていた。英国人は植民地を開設してインドでの利益を護ろうとし、「英国・東インド会社」は五十年もしないうちにインドの最も裕福な諸地方の支配権を握ってしまう。早くも一八一八年には、英国人は、現在のインド、パキスタン、バングラデシュ、

スリランカを含むインド亜大陸の全土を、その支配下に置いていた。

英国統治は、インド人の生活におびただしい変化をもたらした。英国人はヨーロッパ流の教育を導入したため、インド人の識字率が増大して、従来は一つのカーストもしくは階級の占めていた職業が万人に対して開かれたものとなった。一般の法律も、ヒンドゥー教の宗教法典の権威を低下させる結果となった。このように英国統治は、ヒンドゥー教の根本的観念のいくつかを混乱に陥れ、変化させてしまった。それはまた、ヒンドゥー教徒たちが暮らしている社会をも変質させてしまった。産業や商売に携わろうと、人々は都会へと移住するようになって、多くの人たちが、これまで当然のものと考えてきた宗教的義務や社会的義務に、とらわれなくなったからである。

英国統治の始めの頃は、インドの人たちはたがいに異なる十四の文字言語と何百という方言を話していた。英国の役人は、早々に、学校や大学では英語を主要言語とさせることにした。公的教育が突如として万人に対して開かれたものとなった。加えてキリスト教宣教師たちがインドにやってきて、男女双方のための学校や大学を開いた。その結果キリスト教は、何世紀もの間存在し続けてきたヒンドゥー教の習慣に試練を課することになった。

そうした習慣の一つにカースト制度があったが、これは世襲にもとづく職業や機会の不均等などを正当化するものであった。ヒンドゥー教徒たちはカースト制度を日常生活のごく普通の一部と見なしており、下層階級の人たちの悲惨な状態も、当たり前の状態と見なしていた。けれども女性たちは、幼い少女を強制的に結婚させたり、寡婦がどんなに若くても再婚を認めないといった、残酷な掟に苦しんでいた。妻たるものには、寡婦焚死〈サティー satī〉の風習に従って、夫の火葬用の積み薪のなかに身を投ずることが求められていたのである。

西洋からの影響を受けて、多くのインド人はヒンドゥー教の伝統に疑いを抱くようになった。教育を受けたヒンドゥー教徒は、自分たちの宗教を西洋諸国の倫理基準と比較して、これに苛立ちを覚えるようになった。けれどもまた一方では、ヨーロッパの学者たちは、インドの忘れ去られた過去の調査も行っていた。彼らは、輝かしい思考体系が展開され、立派な文学作品や美術作品が産み出された、イスラーム統治期以前のより偉大なインドを指し示すさまざまな記録を発掘した。ヒンドゥー教の宗教指導者たちは若者に呼びかけて、そうした過去の遺産を受け継ぎ、その豊かな文化的並びに霊的な資源をこそ我が血とし我が肉とせよと説いた。

その結果、一九世紀の終わりには、宗教的高揚を伴った熱烈なナショナリズムが、教育を受けたインド人たちの心に育ち始めていた。彼らはこと科学と科学技術にかけては西洋諸国に後れをとっていることを認めながらも、東洋こそが、世界における精神文化の中心なのだと見なすようになった。この時代には、ヒンドゥー教の傑出した人物たちが数多く現われて、彼らの宗教を改革へと導いていった。

ラームモーハン・ローイ Rammohan Roy（一七七二―一八三三）

ラームモーハン・ローイは、近代インドの父と呼ばれている。彼は、ベンガルの信仰心篤いバラモンの子として生まれて、早い頃から宗教への強い関心を示した。彼は『ウパニシャッド』の文献を学んで、これこそがヒンドゥー教の核をなすものだと考えた。ローイは英国の行政府の役人となって、当時のインド人としては最高の地位まで昇りつめた。四二歳で引退すると、当時のインドの政治的並びに知的な首都であったカルカッタに移り住んだ。

彼は若い頃、サティーを行った義姉の死に立ち会っていた。義姉は夫が火葬に付されている薪の山に押しやられ、太鼓の音が叫び声をかき消すなか、長い棒でそこに無理矢理押しつけられていたのだった。ローイは、このぞっとする経験から、サティーに対する猛烈な反対者となった。彼は新聞社を設立して、いくつかの新聞をさまざまな言語で発行した。彼は、サティーの風習を始め、児童結婚、神像崇拝、その他間違った方向に行っていると感じられるヒンドゥー教の風習などに、反対の論陣を張った。ローイは、多神教、つまりは多くの神々への崇拝を公然と非難した。彼はまた「ブラーフモ・サマージ Brahmo-Samaji」、すなわち「神の社会」という宗教結社を設立した。メンバーたちは会衆派スタイルの集会に毎週集まって、礼拝と讃歌の斉唱を行い、ヒンドゥー教の経典に則った説教に耳を傾けた。

デーベンドラナート・タゴール Debendranath Tagore（一八一七—一九〇五）

ラームモーハン・ローイが亡くなったあと、「ブラーフモ・サマージ」の指導はデーベンドラナート・タゴールの手に委ねられた。タゴールはすでに自分自身のグループを発足させていたが、一八四三年にはこれをローイのグループと合流させた。ローイのグループ同様、タゴールのグループも神像崇拝に反対していた。タゴールの指導の下で、ブラーフモのメンバーたちは、宗教における最終的権威は古代の文献のうちにではなく、かえって人間の理性と良心のうちにこそ見出されるべきだと宣言した。メンバーたちには、それぞれのカーストによる身分を捨てることが求められた。彼らは、児童結婚や、複数の妻をもつ伝統などと戦った。このグループが一九世紀後半に与えたインパクトの大きさには著しいものがあった。その後タゴールとそのメンバーの一人であるケーシャブ・チャンドラ・セーン Keshab Chandra Sen の間で、意見の食い違いが生じたため、このグループの影響力は弱体化していった。セーンは討論グループと学校を設立し、寡婦の再婚を促進し、女性教育を奨励したが、彼とタゴールは、バラモン出身であることを示す聖紐を身につけるべきかどうかで、対立した。タゴールは「ブラーフモ・サマージ」から身を引き、ローイが始めた仕事を継いで、特にヒンドゥー教を一神教として復活させるという仕事に専念した。

ダヤーナンダ・サラスヴァティー Dayananda Sarasvati（一八二四―一八八三）

ダヤーナンダ・サラスヴァティーは裕福なバラモンの子供として生まれた。彼は若い頃に出会った姉と伯父の死をきっかけに、人生や死後の生命などの問題に思いをいたすようになった。彼は世間を捨てて苦行者となった。また聖典の研究から、ヒンドゥー教の人気のある神々に背を向けるようになった。後にインド諸国を旅してさまざまな経験を重ねたすえ、ヒンドゥー教の多くの習慣にも疑問をいだくようになった。

一八六〇年にサラスヴァティーは、盲目の『ヴェーダ』学者スワーミー・ヴィラジャーナンダ Swami Virajananda の弟子となった。『ヴェーダ』聖典のなかに見出した真理によって、彼はヒンドゥー教の腐敗に立ち向かおうと決意する。彼はサンスクリット語で講義を始めたが、一八七四年には庶民の話すヒンディー語で講義をするようになる。そして翌年には、「アーリア・サマージ（高貴な社会）」協会を設立する。

ラームモーハン・ローイ同様、サラスヴァティーもまたヒンドゥー教の多神崇拝を退けた。彼は『ヴェーダ』聖典をヒンドゥー教の信仰の唯一の権威と考えた。彼は児童結婚も、男尊女卑も、神像崇拝も、『ヴェーダ』には説かれていないとして、これらを公然と非難した。また彼は、ヒンドゥー教のカーストも、真のヒンドゥー教のなかでは占めるべき場をもたないとした。不可触賤民などというカーストのあってよいはずはなく、もろもろのカーストを示す名称さえ出生の身分を示すものとして用いられるべきではない、と説いた。

サラスヴァティーは、ヒンドゥー教こそが唯一の真の宗教であると見なして、他の宗教への寛容を正しいものとは考えなかった。そして他の宗教は『ヴェーダ』の一神教が堕落したものなのだと述べた。彼は他の宗教への改宗、とりわけキリスト教への改宗は許せないと考えた。このテーマは、今日のもろもろの改革運動にも引き継がれている。

ラーマクリシュナ Ramakrishna（一八三六―一八八六）

ラーマクリシュナはある村の司祭の息子として生まれた。彼は七歳の頃から、神秘的なトランス体験や見神体験を重ねた。彼は恐ろしい形相の大女神「カーリー」の神像を前に、女神が呼吸をしながら自分の言葉に耳を傾けている姿を思い描いては、しばしば瞑想にふけった。ある日のこと、彼は「カーリー」女神が今自分にその姿を見せてくれているのだと信じた。それ以来、カーリー女神の神像を見たり、カーリー女神の名を聞いただけで、トランス状態に入るようになった。

ラーマクリシュナは苦行者となって、祈りと瞑想の生活に明け暮れた。後に彼は瞑想するヨーギ（ヨーガ行者）となり、バクティ派の信者のように神を献身的に崇拝し、仏教やシャクティ派（大女神シャクティを崇拝する）の世界にも分け入った。

ラーマクリシュナは、あらゆる宗教は同一の存在の栄光を讃えているのだと信ずるようになる。彼はイスラーム教をも学んで、ムハンマドについて瞑想していると、ムハンマドが幻視を通して姿を現わすまでになる。その後、聖書を読んで聖母子像について瞑想していると、今度はキリストの幻視が現われるようになる。彼は宣言する。あらゆる宗教は神格との接触に入るための同じように有効な筋道なのだ、と。ラーマクリシュナは、晩年には一団の弟子たちに囲まれて暮らすようになる。その弟子の一人が法律を専攻する若い学生で、やがてこの青年がラーマクリシュナの衣鉢を継ぐことになる。

ヴィヴェーカーナンダ Vivekananda（一八六三—一九〇二）

ヴィヴェーカーナンダは、ラーマクリシュナに会うまでは、英国で法律を学ぶ計画であったが、この職業計画を捨てて行者になってしまう。彼は一八九三年に「世界宗教会議」のためシカゴに出向いてヒンドゥー教について講演する。そこで彼は宣言する。「すべての宗教は一つである」と。ヴィヴェーカーナンダは米国、英国を旅したあとインドに帰国して、その後の生涯を貧しい者たちの救済と宗教教育とに捧げた。彼の最大の業績は、ヒンドゥー教への関心を世界中からあらためて高いものにした点にある。

ラビーンドラナート・タゴール Rabindranath Tagore（一八六一—一九四一）

ラビーンドラナート・タゴールは、デーベンドラナート・タゴールの十五人の子供のうち一四番目の子供であったが、「ブラーフモ・サマージ」の指導者となった。タゴールは一三歳で詩を書き始め、二〇歳のときにはベンガル語の最初の詩集を発表した。次の三十年間にわたって詩を書き続けるにつれて、彼の書くものはスタイルが成熟し、内容もまた深まっていった。彼は、一九一二年に妻と五人の子供のうち三人を亡くしたあと、『ギーターンジャリ』、つまり『捧げる歌』を出版した。そして一年後には、毎年、作家の生涯の業績をたたえてただ一人の作家に与えられるとともに、作家が受けることの出来る最高の栄誉と考えられてもいる「ノーベル文学賞」を受賞した。

タゴールはベンガル州のシャーンティニケータンに、創造的な実作家を育てるための、芸術学校を建立した。一九二一年には自らの静修の場をさらに大学そのものにまで拡大して、大学を四海同朋と文化交流というみずからの理想のために捧げた。タゴールはナショナリズムと唯物論を大きな悪だと感じていた。彼は信じた。人類にとって最良の希望は、あらゆる宗教のうちに見出される精神的諸価値に立ち返ることにあるのだ、と。タゴールはインドを世界の精神的指導者と見なす一方で、西洋人のヴァイタリティーと真理への探求をも高く評価した。

タゴールの同時代人の一人にモーハンダース・ガーンディーがいるが、彼は英国的なもの一切に反対する運動の指導者として広く認められていた。しかしタゴールは、ガーンディーとそのやり方に強く反対した。カーストの障壁を取りはずしたり、貧しく身寄りのない人々の生活を引き上げたり、ヒンドゥー教とイスラーム教徒を和解させたりするといった、もっと大切な問題から、かえって政治が人々の眼をそらしてしまっていると感じていたからである。しかし二人のイデオロギーの違いにもかかわらず、ラビーンドラナート・タゴールはガーンディーの偉大さは認めていた。ガーンディーを讃えて、マハートマー、つまり「偉大なる魂」と最初に呼んだのは、ほかならぬタゴールであった。

モーハンダース・ガーンディー Mohandas Gandi（一八六九―一九四八）とインド・ナショナリズム運動

モーハンダース・ガーンディーが一八六九年に生まれたときは、すでにインドはおよそ半世紀に

ルーマニアに旅行したときのタゴール。娘さんと一緒に写っている。タゴールはベンガル語でも英語でもものを書いた。この世を幻影〈マーヤー māyā〉と考えるヒンドゥー教の教えを、彼は受けつけなかった。彼の詩は、自然の恵み深さと人間の自由を讃えている。

「ひとの心に恐れがなく……」

ひとの心に恐れがなく、
だれもが毅然と胸を張っているところ。
およそ知識にどんな制限もなく、
家庭の狭い壁で世界がまだ寸断されていないところ。
言葉がまことの深みから溢れ出て、
倦むことを知らぬ努力が完全性をいだきとめようとするところ。
理性の澄みきった流れが、生命を欠いた習慣という
荒涼たる砂漠の砂粒のなかにかき消えたりすることがなく、
心があなたの御手によって、
ますます広い思考と行動へと導かれていくところ。
父よ、祖国を、そうした自由の天空へと目覚めさせたまえ。

ラビーンドラナート・タゴール

わたって英国の統治下にあった。ガーンディーは中産階級の伝統的なヒンドゥー教徒の家庭で育てられた。彼は一九歳のときに法律を勉強するためロンドンに留学して、一八九一年にインドに帰国した。はにかみ屋で引っ込み思案の彼は、弁護士の仕事ではあまり成功しなかった。一八九三年に南アフリカでの仕事の申し出を受け入れ、そこで彼は、南アフリカの白人によるインド人への偏見をつぶさに経験する。

ガーンディーの弁護士としての仕事は一年で終わったが、その後の二十一年間は南アフリカにとどまって、インド人の権利確保のために働いた。彼は自らのヒンドゥー教の根本的信念を頼りに、「サティヤーグラハ Satyāgraha（真理の把握）」と自らの名づける、非暴力による社会的活動を展開した。「サティヤーグラハ」は、真理・非暴力・勇気という、ヒンドゥー教の原理に立脚していた。ガーンディーは教えた。不正に出会っても、「サティヤーグラハ」を実践すれば社会的変革がもたらされるはずだ、と。

ガーンディーは一九一五年にインドに帰国した。そして彼はインドで、英国統治からのインドの解放を目指すインド・ナショナリズム運動の指導者となった。ガーンディーは訓練センターを開いて、サティヤーグラハを教えたり、圧政下に苦しむインドの貧しい人々に自給自足を目指す生活技術を教えたりした。彼は世俗の生活やものを所有することなどを強く非難し、インドを独立に向かわせることに全力を注いだ。彼は、自らは信念のために投獄されることもものとはせずに、英国統治に反対して立ち上がるよう民衆を指導した。多くの人たちは、ガーンディーは神から啓示を受けているのだと信じた。また別の人たちは、ガーンディーはこの世に再来したヴィシュヌ神そのものだと見なすようになった。大きな道徳的並びに政治的な力を味方にして、ガーンディーとその信奉者たちはついに英国のインド支配を打ち負かし、英国はインドからの撤退に同意した。一九四七年八月一五日に、インドは独立国となったのである。

国家の分裂

けれども英国統治の終焉のつけは大きかった。インドの南部と西部に集中していたヒンドゥー教徒たちと、インドの北部に集中していたイスラーム教徒たちの間には、政治的に不安定な状況が長いこと続いていたのである。この二つのグループは、宗教観が違うだけでなく、社会的並びに政治的な目標も違っていた。両者はたがいに不信感をいだきあっていた。英国統治の下では、外国支配への闘いに協力することで、たがいに結束していたのに、独立が夢ではなくなると、両者の違いはいっそう高声に主張されるようになった。英国人たちはインドを、たがいに異なる自治区をもった一つの国家として維持したいと望む一方で、ヒンドゥー教徒とイスラーム教徒の折り合いがつかない場合には、両者は分離して、二つの別々の国家に落ち着くことも可能ではないのかと、示唆した。英国人たちはその決定をインドの国民に委ねることにした。

英国人が撤退すると、インド全土に暴動が起こった。何千人もの人たちが亡くなり、さらに数百万人もの人たちが自国で難民となった。そして結局、二つの新しい国が誕生したのである。つまり、おびただしい数のヒンドゥー教徒をかかえたインドと、誕生後直ちに世界でイスラーム教徒の人口が最も多い国となったパキスタンとが、それである。

ガーンディーはインドを一つの国として維持したいと思っていた。けれども何千人という人たちが怒り狂った群集から逃げまどう姿を見るにおよんで、この良心の人は、自分の政治的地位に訴えて国家の分割を支援した。彼はインド国民の意識をイスラーム教徒たちの苦境に振り向けようと、断食を開始した。彼はインドの人たちに、憎しみではなく愛をと訴えたのである。一九四八年、ガーンディーは、彼の呼びかけたある祈りの集会において、インドは分割されるべきではなかったのだと思っていたある若い過激派のヒンドゥー教徒の手で、暗殺されたのであった。

ガーンディーの後継者たち

ガーンディーは二重の遺産を残した。一つは、サティヤーグラハの、すなわち真理と非暴力こそが人間の諸問題を解決できるのだとする信念の、実践である。この運動で彼のあとをついだのは、ガーンディーのアシュラム（宗教的コミュニティ）でガーンディーの傍らにあって働いていた、ヴィノーバ・バーヴェー Vinoba Bhave（一八九五—一九七〇）であり、バーヴェーは非暴力の理論と実践においてガーンディーのあとつぎとなった。一九五一年を皮切りに、バーヴェーは四〇〇万エーカー以上の土地を寄進してくれるよう、豊かな土地所有者たちを説得する運動を始め、ついに彼はこれらの土地を小作農たちに分配して、彼らが自給自足の生活ができるようにしたのである。

政治的分野でのガーンディーの後継者は、ジャワーハルラール・ネールー Jawaharlal Nehru（一八八九―一九六四）であった。ネールーはインド独立の闘争ではガーンディーの盟友の一人で、新生インドの初代首相となり、この地位に一九六四年までついた。

ガーンディーの影響力は彼の死後も長いこと続き、それはインドの国境を越えたところにまで及んだ。一九六〇年代の米国では、マーティン・ルーサー・キング・ジュニア Martin Luther King, Jr.という若いバプティスト派の牧師がガーンディーの生活と哲学を学び、非暴力に訴えることで社会改革がもたらされることに特に強い興味をいだいた。キングは後に、ガーンディーのサティヤーグラハの原理にもとづいて、人種差別に対する非暴力的抗議という戦略を打ち立てたのである。

改革の遺産

ラームモーハン・ローイからマハートマー・ガーンディーに到るまでのヒンドゥー教の現代の聖者たちは、宗教とインドの文化に深い影響を及ぼした。彼らは、何世紀にもわたってこの宗教に巣食ってきた誤りを改革しようと、大きな努力を重ねてきた。彼らの努力のおかげで、政府は、児童結婚、サティー、カーストに基づく差別といった風習を非合法とした。確かに古い態度が死に絶えるのには時間がかかり、より低いカーストのメンバーたちも今なお偏見にさらされてはいるが、一九九七年に「不可触民」出身のコーチェリル・ラーマン・ナラヤナン Kocheril Raman Narayanan が大統領に選ばれたことは、インドとヒンドゥー教がどこまで来たかを測る一つの尺度になる。より低いカーストのメンバーたちは彼が選出されたことを一つの大きな勝利として快哉を叫んだ。宣誓就任式での演説で、ナラヤナンは次のように述べた。「私たちの社会の草の根から生まれた人物を、国民がその最も高い役職に相応しいと一致して認めたことは、今や普通の人たちの関心が、私たちの社会的並びに政治的生活の中心舞台へと移っていることを象徴するものにほかなりません。……」

ナラヤナンの勝利は、また同時に、時代の変化へのヒンドゥー教の適応能力をも証明するものである。ヒンドゥー教には、変化への余地がつねに残されてきた。この宗教のこういう開かれた性質から、聖者たちが次々に生まれては、議論と改革が絶えず重ねられている。旧い伝統がまた息を吹き返し、必要とあらば新しいさまざまな観念が統合されて、新しい宗教的社会が始められる。もともとヒンドゥー教では、個人の思想は自由なのだということが神聖視されてきており、いろいろな改革が可能になったのも、そうした伝統があったからにほかならない。

ヒンドゥー・ナショナリズムの台頭

インドはどこまでも宗教的な社会で、何世紀にも及ぶ歴史をもった土着の宗教と文化的伝統をもっている。けれどもインドの現代国家は、かなり最近のものである。民主主義を原理としているため、インド政府は公式的には世俗的な政府、つまりはどんな特定の宗教にも結びついていない政府である。イスラーム教徒、シーク教徒、パールシー教徒、キリスト教徒などを含む宗教的マイノリティーも、ヒンドゥー教徒と対等に扱われるものとされている。しかしヒンドゥー教が単なる宗教以上のものであって、むしろ一つの文化であると同時に一つの生活方法でもあるような、きわめて霊的なこの国では、世俗主義がとてもうまくいったためしなど、一度もないし、ヒンドゥー教徒のイスラーム教徒への不信感がなくなったことも、一度もない。それどころかこの不信感は、さらに大きなものになっていると言ってもよい。まさにこの気持ちから、彼らは「よそ者たち」との対立を通して彼ら自身の自己規定をしてきたのであり、またどこまでもユニークなヒンドゥー教のアイデンティティを、彼ら自身と彼らの国家のために求めてもきたのである。

インド人であるとはどういうことかということは、しだいに、ヒンドゥー教徒であるということだ、という意味になってきた。ヒンドゥー・ナショナリズムは、一つには世俗主義への反発として、インド独立よりずっと前から高まりを見せてきた。ヒンドゥー・ナショナリズムの種子は、その追随者たちに、近代化や世俗主義をはじめとして、その他さまざまな外圧などには背を向けて、先祖たちの純粋なヒンドゥー教に立ち返れと説くさまざまな改革運動を通して、蒔かれたのである。

ヒンドゥートゥヴァ Hindutva

ヒンドゥー・ナショナリズムは、「ヒンドゥートゥヴァ Hindutva」すなわち「ヒンドゥーらしさ」という概念を中心に形成されている。と言うのも、ヒンドゥー・ナショナリスト、ヒンドゥー教、ナショナリズムは、きわめて緊密に結びついているため、結局は相寄って同じ一つのものとなっているからである。初期のヒンドゥー・ナショナリストはこれを次のように述べている。「ヒンドゥー教徒というのは、インダス河から二つの海にまで及ぶこのバーラト・ヴァルシャ Bharat Varsha という国のことを、自らの宗教を育ててくれたゆりかごのような聖なる国でもあれば、自らを生み育ててくれた父祖の国でもあると思っているような人のことである。」この運動によれば、インド国家は己れの文化的ルーツに還ることによってはじめて強くなることができるのだと言う。彼らはこのルーツを、古代ヒンドゥー教の過去の姿のうちにあると規定する。

ヒンドゥー・ナショナリストは、自国の宗教的並びに文化的な伝統を世俗主義から護ることが大切だと感じている。彼らによれば、世俗主義というのは西洋文化からの借りもので、インド固有のものではないからである。インドの宗教的伝統こそがどんなインド国家にとっても不可欠なのだと、彼らは信じているのである。

ヒンドゥー・ナショナリズムの運動

全インド有志者協会（ラーシトゥリヤ・スワヤームセヴァク・サング）The Rashtriya Swayamsevak Sangh、つまりＲＳＳは、一九世紀後半に始まったヒンドゥー改革運動である。それは、身体の鍛錬と道徳の発達とを含むプログラムとともに、ヒンドゥー教徒の青年組織として出発した。それは一九四〇年代から成長をとげて、インド中で最も強力で最も重要なヒンドゥー・ナショナリズムの組織になっている。

ＲＳＳは、国家が正しく機能するためには、いくつかの「統一」が必要だと教えている。地理的統一、宗教的統一、文化的統一、言語的統一などが、それである。ＲＳＳは、ヒンドゥー教徒たちはこうした資格を満たしていたし、インドの真の市民でもあったと論ずる。イスラーム教徒もまた同じように真の市民となることはできるが、それにはこの国にとって本質的なヒンドゥーらしさを認めることが不可欠である。

独立闘争を通じて、ＲＳＳは、ガーンディーのサティヤーグラハのやり方はおとなしすぎるし、とりわけイスラーム教徒、キリスト教徒、シーク教徒などの少数派に遠慮しすぎている、と感じている青年たちに強く訴えた。政府は、一九四八年の国家の分割に帰着した暴動以降、ＲＳＳを禁止したが、一九五〇年にはこの組織は復活して力を増し続けた。一九九〇年代の初頭には少数民族への暴力を奨励したかどで再び禁止されたが、その影響力はすでに禁止をものともしないほどに広範なものになっていた。

インドをヒンドゥー・ナショナリズムへと向かわせているいま一つの重要な組織は、宗教的リーダーたちの団体、ヴィシュワ・ヒンドゥー・パリシャッド The Vishwa Hindu Parishad、つまりＶＨＰである。この二つの組織が、インド人の生活と思考の前面にヒンドゥー教を立てようと、運動しているのである。

ヒンドゥー教と政治：インド人民党（ＢＪＰ）

今日ＲＳＳが日々の生活に影響を及ぼしているのは、インド人民党 Bharatiya Janata Party の、すなわちＢＪＰの活動を通してである。ＢＪＰの多くの指導者たちは、ＲＳＳの出身であり、ＶＨＰにもつながりをもっている。ＢＪＰの政治目標は、もろもろのナショナリズム組織のメンバーたちのそれとあからさまに一致している。

一九九六年の総選挙では、ＢＪＰはインド最大政党に躍り出た。インドには多くの政党が存在するが、選挙に協力してくれるブロックをまとめて勢力をのばそうというＢＪＰの試みは最初うまくいかなかったが、一九九八年の総選挙では、ＢＪＰは過半数をとって、政府を樹立するまでになった。

この種の政治闘争ではよくあるように、ＢＪＰは妥協を強いられた。ヒンドゥー・ナショナリストたちが死守してきた主張のいくつかを諦めたのである。けれどもＢＪＰは、インドのヒンドゥー・マジョリティーを形成する一般大衆の声として出現したのである。アタル・ビハーリ・ヴァジパイ Atal Behari Vajpayee が首相に再選されたことは、インド政府にそれなりの安定をもたらした。ＢＪＰは、ここ十年かそれ以上にわたる一連の激戦となった選挙をかいくぐってインドで最も強力な政党となった。ＢＪＰはどんな政党とも同じように、経済、防衛、財政などの問題を大きく扱っているが、また同時に宗教の遺跡や儀礼の問題をはじめ、「真の」インド文化とは何であり、世俗主義とは何であるのか、といった問題などにも踏み込んでいる。こうした宗教的問題のうちには、政府を維持していくという実際上の問題に席を譲らねばならないものもあるが、これらの問題は、政治と統治はヒンドゥー的に行うべきだという、ある種のヒンドゥー選挙民の考え方を如実に表わしているのである。

ヒンドゥー・ナショナリズムの問題

ヒンドゥー・ナショナリズムが直面している問題に、ヒンドゥー教的諸価値をいかに広めるかというものがあるが、これは、それに対する非ヒンドゥー教の隣人たちの立場を、とかく硬化させてきた。イスラーム教パキスタンはヒンドゥー教インドへの抵抗を一つの宗教上の問題と考えて、ヒンドゥー教徒が少数派であるインド、カシミール州での暴動を支持した。カシミール問題はインド・パキスタンの分割に端を発している。イスラーム教徒が大多数をしめるカシミールには、ヒンドゥー教徒の統治者がいた。インド・パキスタン分割の合意の際には、カシミールはパキスタンの一部となることも、インドの一部になることも、さらには独立国となることも可能であった。ところが、パキスタン軍がカシミールに侵攻して、その統治者にパキスタンに加わるよう迫ったとき、彼はインドに援軍を求めたため、その地域がインド領となったのである。カシミールの人口はイスラーム教徒が中心で、当地のヒンドゥー教徒はほとんど恒常的に攻撃にさらされている。カシミールの寺院に参拝しにきたインド人旅行者の多くもカシミール反徒に殺された。

民族的並びに宗教的少数派がインド政府に反逆を企てたのは、カシミールでだけではない。南では仏教徒が中心の、タミール人の分離・独立主義者が、政情不安を産み出しつづけている。またシーク教の発祥地パンジャーブは、インド・パキスタンの分割によって二つに引き裂かれてしまい、シーク教の分離・独立主義者も、シーク教徒の統一・独立州を求めて活動している。キリスト教徒もシーク教徒も、多数派のヒンドゥー教徒は人権侵害者であると非難している。

国際舞台では、ＢＪＰは、イスラーム教パキスタンに威しをかけるために核実験を行い、インドを核時代へと導いた。パキスタンの方も核実験でこれに報いた。ヒンドゥー教徒とイスラーム教徒の昔から続いた対立は、新たな、そしていっそう危険な転換を見せている。世界最大の民主主義国家のヒンドゥー教リーダーたちは、自分たちの宗教的信念を護ると称して、大変な責任を引き受けてしまったのである。

6　ヒンドゥー教寺院、イコン、礼拝

ヒンドゥー教の寺院は、〈マンディーラ mandīra（神が待っていて下さる所）〉、〈プラサーダ praśada（清浄なる神の坐所）〉、〈デーヴァーラヤ devālaya（神の家）〉など、多くの異なった名称で知られている。だが何といっても、最もよく用いられているのは〈マンディーラ〉という名称である。寺院・マンディーラは、地上において神の坐したまう場と信じられており、神々が信者たちを待ちうけている場と信じられている。神々が寺院に棲まっているという信仰の起源は、叙事詩やプラーナの時代にまで遡ることができる。

例えばもっと後に書かれたシャーストラのような聖典では、寺院・マンディーラと呼ばれる建物のことが、わざわざ特別の章をもうけて記されている。これらのテキストでは、寺院・マンディーラというのは神々の世界と人間の世界が出会う交差点のようなものだと説明されている。ヒンドゥー教徒は、神々は地上に下って、マンディーラに安置されている神像を通じて具体的な姿をとるのだと信じている。なかには、そうした神像を拝観したり〈ダルシャナ darśana〉見ること〉、そうした神像に触れたりすることで、一時的に天界に昇って直々に神性に触れることができると信じている人もいる。ヒンドゥー教徒は、神はこの世の到るところに見出されると信じている反面、寺院を通して見られるシンボリズムが現わしているような、人間の神的世界に寄せる敬意には、さもなければ形なきままにとどまっているはずの神的実在に、はっきりした形をとらせるだけの力があるのだ、とも信じている。

寺院というものがどのようにして神々と人間が出会う場となるのかを理解しようとするなら、ヒンドゥー教寺院の象徴的な意味をはじめ、巡礼の聖地〈ティールタ・スターナ tīrtha-sthāna〉、イコンもしくは神像〈ムールティ mūrti〉、礼拝・供養〈プージャー pūjā〉の手順、礼拝者〈プージャカ pūjaka〉、ヒンドゥー教の聖典の性質など、いろいろな事柄の象徴的意味も把握しておく必要がある。

ヒンドゥー教寺院

ヒンドゥー教徒は、ヴェーダ初期の頃から今日に到るまで、神々がそこに降り来って人間の捧げ物を召し上がることができて、人間もまたそこで神々のもとに侍ったりそこから天界に昇ったりすることができるといった、そういう聖なる場を創造しようと努めてきた。ヴェーダ後期には、火神アグニの顕現と信じられた供犠の祭火を通じて、祈りが神々に届けられた。祭火を通じて『ヴェーダ』の司祭たちも天界に〈昇って〉行くのであった。こうした儀礼や行事はすべて、霊的交流を行

オリッサはコナーラクの太陽寺院。ヒンドゥー教徒にとっては寺院は、人間と神々が出会う一つの霊場である。

うために特別に用意された聖なる境域で執り行われた。人間と神々とのこのような象徴的な出会いの伝統が、今日でもなお、ヒンドゥー教の寺院に残っているのである。

寺院は特別の手順にしたがって建てられる。まず寺院の敷地が入念に選ばれる。建築家や画家への手引きとして書かれた『シルパ・シャーストラ Śilpa-Śāstra』というブラーフマナのテキストには、そうした敷地のための必要事項が記されている。あるプラーナ聖典は、寺院の建て方をめぐるさまざまな考えをさらに詩の形で付け加えている。それによれば、「神々はつねに、川や山や泉のほとりの木立の生えているところで、また街なかでは憩いの園のあるところで、遊び戯れている。……神々が愛したまい、神々がつねに住まいたまうのは、このようなところである」。

敷地を選んだら、寺院を建てる前にその土地に住む地霊をお払いする。そして土地を耕して種を少しまく。出てきた芽などの性質をよく見て、建て主はこの土壌の質を見極める。次に、鏡のように完全に均質になるまで土をならす。こうして準備のできた土地のうえに、天を象徴する円を描き、その円のまわりに、さらに大地を象徴する四角を描く。この円の中心が、寺院の〈からだ〉を天に結びつける聖なる柱になるのだと、信じられている。そうして、宝石と植物の種が入った、寺院の本質を象徴する小さな容れ物を一つ、その柱の近くに埋める。このうえに、寺院の最も内奥の聖域〈ガルバ・グリハ garbha-gṛha〉、つまり〈子宮の密室〉が建てられることになる。

ヒンドゥー教寺院の建築には、山や洞窟のモチーフがうまく取り入れられていることが多い。ヒンドゥー教の神話では、山は聖なるものとして描かれてきた。ヒマーラヤ山脈のカイラーサ山はシヴァ神の住まいであり、メール山（須弥山）は、ヒンドゥー教寺院と同様、宇宙の軸として、天、地、空の三界を一つに結びつけていると信じられている。じっさいヒンドゥー教寺院の最上部は、〈シカラ sikhara〉つまり山頂と呼ばれている。ヒンドゥー教では洞窟もまた、自然のうちに見いだされる重要なシンボルであるが、洞窟には、小さな開口部が一つついた暗い部屋として、母親の子宮がもつ精神性が象徴的な形でみなぎっていると信じられている。伝統的に見ると、こういう洞窟の密室は、苦行者が身を潜める場としてきたものである。

寺院には、岩を切ってつくった石窟寺院と塔をもった寺院の二種類がある。ヒンドゥー教の多くのテキストには、洞窟（内奥の聖域）や山（寺院の上部構造）がもつこうした象徴的意味合いについての説明が見いだされる。ところが叙事詩やプラーナ聖典の時代になると、献身的信仰を強調したバクティ運動が、こうした形の寺院建築や守護神に寺院を寄進する風習などに、大きな影響を与えていった。

ヒンドゥー教寺院の現存する最古のものは、およそ五世紀に建てられた。これら初期の石造寺院は、平屋根の覆いと柱でできた、簡素ないくつかのホールより成るものであった。後にこの形が発展して、平らで広い〈ブーミ bhūmi〉と称される基盤（字義通りには、「大地（地面）」と訳される）のうえに一段とそびえ立った、そのまま上部構造の塔へと通じる、四本の柱をもった一つの四角いホールになっていく。このシカラ〈山頂〉と呼ばれる塔は、寺院の最も重要な部分の一つであった。〈シカラ〉は寺院の裏手にそびえて、神が祀られている内部の〈ガルバ・グリハ〉（子宮の密室）の在り処を示していた。この小さな暗い部屋からは、神々しい光があふれ出して、社会を祝福し、保護し、警護していると信じられていた。この最も内奥の祠のまわりには、信者たちが時計まわりにまわることのできる回廊がめぐらされていた。この〈ガルバ・グリハ〉には開口部がただ一つあるだけで、中に入ることを許されているのは、ひとり司祭だけであった。

〈マンダパ maṇḍapa〉と呼ばれる集会用のホールも、内奥の聖域に建てられていた。このホールは、しばしば〈マッティヤ・マンダパ matya-maṇḍapa〉と呼ばれるいま一つのホールに通じていて、そこでは、神々を喜ばせるためにダンスが踊られたり、讃歌が歌われたりした。これらのホールは、外部に通じるヴェランダにそのままつながっていた。寺院の外部表面には細かい彫刻がほどこされていた。神話からとられた情景がいろいろと描かれていて、それらの情景が、戴冠式、領土征服、祝典行事といった重要な政治的出来事や日常生活などからとられた情景や、王家や民間の寄進者の肖像などに対置されていた。門をくぐって内部の聖域へと到る主要な道が、聖なる空間と俗なる空間をつなぐ唯一の開口部であった。ドアー、ニッチ、窓といった他の開口部は、人間と神をつなぐ建築上のシンボルであった。

寺院はどんなときにも、ヒンドゥー教の宗教的、社会的、文化的生活の焦点であった。とはいえ、ヒンドゥー教支配の時代にあっては、寺院はまた政治的・経済的中心でもあった。寺院の多くの特徴が、建築と機能の両面で、昔から変わることなく今日までそのまま続いてきた。

すでに八世紀には、支えなしで建つ多くの寺院が、巨大で堅固な岩山から浮き彫りの形に彫り出されていた。それらの一つに（マハーラシュトラ州の）エローラに建つシヴァ寺院があった。また（マハーラシュトラ州の）エレファンタ寺院や（タミール・ナドゥ州の）マハーバリープラム寺院のような神話上の情景がびっしり施された他の寺院も、巨大な洞窟の内部や周辺に彫り出された寺院であった。これらの手の込んだ寺院複合体は、建築と彫刻のまさに奇跡とも言うべきものであった。

多くの寺院複合体は、宮殿建築とよく似ている。けれども、神々もまた王様だと考えれば、これも驚くほどのことではなくなっている。一方この世の王様も、寺院の寄進者でもあったところから、神の似姿として王国の福祉・安寧を護っていると考えられていた。あるテキストでは、王様は神々の支えもしくは器として説明されている。時として王様は、天と地をつなぐ者として、臣民の捧げ物を天界にとどけ、神々の祝福を地上に送り返す者と信じられることもあった。また時には、その統治や保護の性質しだいで、神の化身と考えられたり悪魔の化身と信じられたりもした。玉座はしばしば祭壇にたとえられたが、逆に寺院が、神々がこの世を混沌と無秩序から護る神聖なる砦と受け取られることもあった。

寺院はつねに、ヒンドゥー教社会の芸術的・知的・宗教的生活の万般にとって中核的な役割を果してきた。舞踏、音楽、演劇、美術、建築などは、どれをとっても、寺院における儀礼のなくてはならない要素であった。神聖な舞踏や演劇が寺院の集会ホールで行われたのも、そのためである。

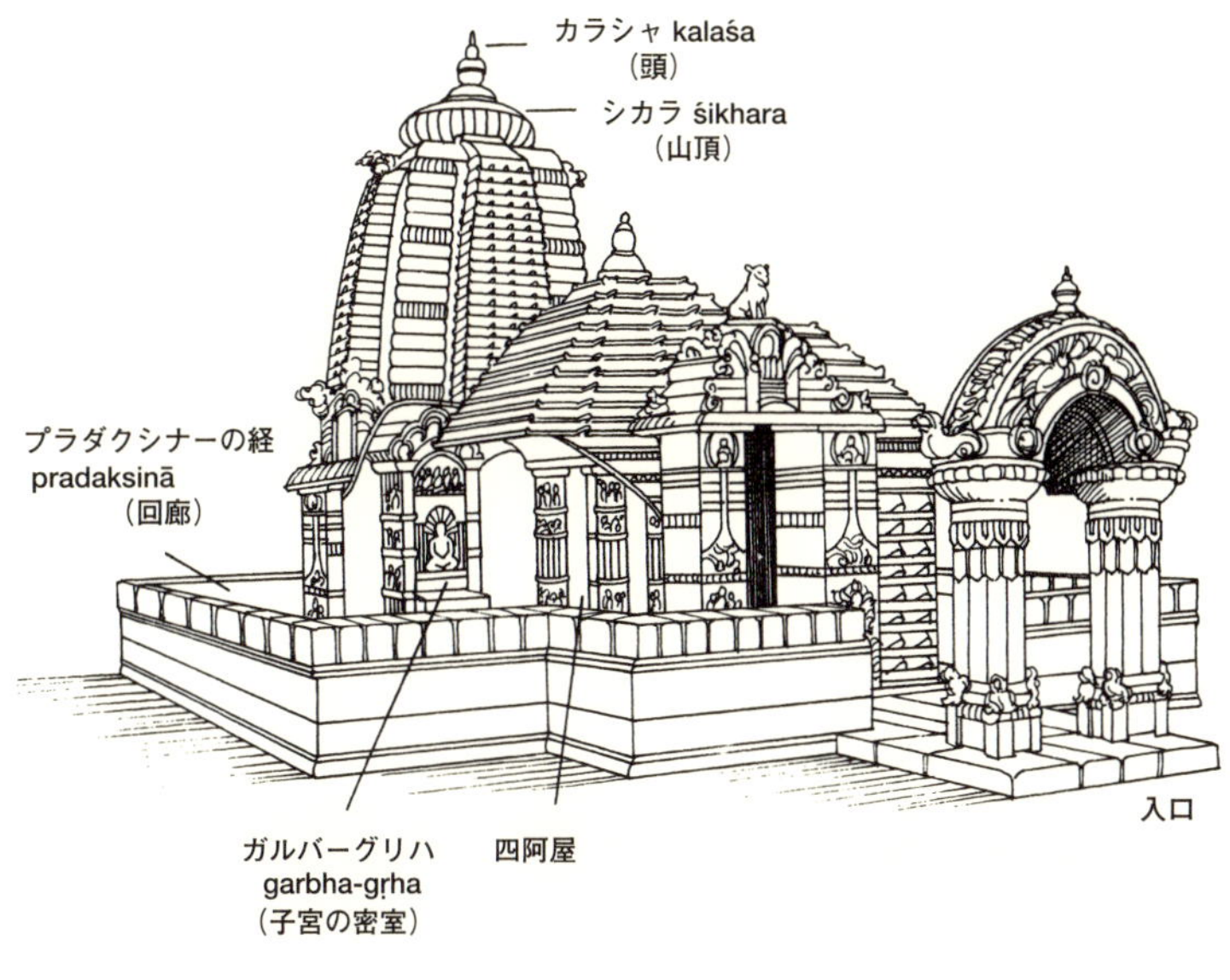

この図では、ヒンドゥー教寺院の枢要な部分が図解されている。

かつては吟遊詩人たちが吟じていた神話上の物語も寺院で上演されるようになった。信者たちは、『ヴェーダ』やプラーナや叙事詩など主要な聖典からとった献歌を歌ったり、讃歌を朗唱したりした。

お祝いやお祭りになると、王様や王国の裕福なパトロンたちから、お金や土地や高価なものが寺院に寄進された。南インドのある王様たちは、寺院に豪華な寄進をして、戦勝を祝ったり、領土拡大を祝ったりした。こうした寺院の壁の銘には、宝石をちりばめた黄金の装飾品のことが記してあったり、きわめて高価な素晴らしい真珠のネックレスや、明るく輝く珊瑚のビーズなどのことが記してあったりする。これらの品は、寺院に安置されたあらたかな像を飾るのに寄進されたものであった。また寺院には、神々に捧げる日々のお勤め用の純金の用具から、ナタラージャ、ヴィシュヌ、ラーマ、クリシュナ、シヴァ、パールヴァティーなど、最も人気の高い神々の金属製の像などが寄進された。

寺院を建てて神々のあらたかな像を安置することは、献身と敬虔の表現であるばかりか、御利益を期待する善業の行為でもあった。寺院を建てたりイコンを寄進したりする信仰心篤い寄進者には、必ず、平安と富と穀物と息子が授かると言われていた。おまけに気前よく贈り物をすることは、臣民や近隣の支配者たちに対して、当人の重みや経済力を誇示することにもつながっていた。

今日ヒンドゥー教の寺院は、俗界のただなかにおける神聖な場と見なされている。寺院や神社は、これまで同様、地上における神々の居住地と考えられ、いかなるカーストの信者でも神的実在に与ることのできる、一種の〈交差点〉と考えられている。信者たちは、寺院に身を置けば、迷いの世界を離れて、知識と真理から成る永遠の世界に近づくことができると信じている。

ヒンドゥー教の社会ではどこに行っても、その土地の寺院が必ず一つはある。記念碑的な大きさのものもあれば、普通サイズのものや、ごく小さなものもある。大きな寺院は、例外なく、シヴァやヴィシュヌなどの主要神の現われや、大女神シャクティの何らかの姿に捧げられている。比較的小さな寺院は、その土地の人たちにしか知られていないような、地方の従属的な神々に捧げられている。ヒンドゥー教徒たちは、自分たちはこうした大寺院や小さな神社を通じて、聖なるものに結びついているのだと信じているのである。

霊場

ヒンドゥー教寺院と同様、霊場〈ティールタ・スターナ tīrtha-sthāna〉もまた、この世と霊的世界が交差する場である。〈ティールタ〉というのは、信者にとっては神々に近づいたり神々と結ばれたりするように感じられる、文字通り〈交差点〉とか浅瀬の〈渡り場〉を意味している。霊場巡礼が一般的になったのは、ヴェーダの供犠がバラモンにとって幸いをもたらすものと思われたように、巡礼の行為そのものが、巡礼者に幸いをもたらすと思われるようになったからであるが、それに加えて、巡礼に参加することが、どんなカーストの信者にも同じように許されていたことも、別の理由になっている。

こうした巡礼の霊場では、信者たちは、神話上の人物や神々をはじめとして、人間として生まれた聖者や、神の化身として生まれた聖者、さらにはこうした土地で苦行の妙技を示して見せた聖者などに、近づくことができる。人々が遥か遠くの霊場にまで旅をするのは、信者の幸いにつながるような聖なる力が、霊場そのものから放射されていると信じているからである。霊場では、信者たちは、その地で起こったあらたかな出来事を身近に感じたり、自分自身がそうした聖なる歴史に身をもって与っているように感じたりするのである。

巡礼の霊場はインド全土に散在しているが、なかでも特に重要なのは、北ヒマーラヤのバドリーナート、東インドのプリー、南インドのラーメーシュヴァラム、そして西インドのドゥヴァールカである。これら四つの霊場を順に時計まわりで巡礼すれば、巡礼者たちはインドの霊場を一巡りしたことになる。これはちょうど、寺院の最奥の聖域を歩いて一巡りするときの旅とそっくりである。聖なる場を歩いて一巡りすることが、すでにして一つの儀礼となっているのであり、それ自体、神と交わる一つの形式になっているのである。

霊場というのは、ほとんどどこをとっても、近づくのが困難な場所に位置している。山の頂上であったり、森の奥深くであったり、砂漠のただなかであったりといった具合で、近代的交通手段では近づけないというのがほとんどである。聖なる目的地にたどり着くためには、巡礼者たちには、己れを律する規律と、忍耐と、献身的信仰とが求められる。このように、巡礼の努力には行者の苦行に通じるものがあるので、ヒンドゥー教徒は、巡礼には霊的御利益があると信じている。またそ

さまざまなレリーフや彫刻が主要なヒンドゥー教寺院の外壁を飾っている。これらの作品は、神話上の物語やそうした物語に登場する神々などを、目の覚めるような細かさをもって浮き彫りにしている。

のうえ、巡礼から戻ってくると、その人には自分の属する社会から一段上の地位が与えられることもある。

ヒンドゥー教徒は生まれてから死ぬまでの人生を、いくつもの駅に立ち寄りながら進んでいく、巡礼の旅になぞらえている。とはいえ、彼らは死を、最後の目的地と考えるのではなしに、果てしなく繰り返される人生の、一つの駅に過ぎないと考えている。またヒンドゥー教徒は、死によって人生の苦痛から自動的に解放されると信じているのでもない。むしろ彼らは、モークシャ（解脱）という人生からの最終的解放を得るためには、神への完全な献身と、神についての知識と、この世での善行とが必要だと信じている。自己の魂アートマンをこうした手段のいずれによっても解放できない者は、巡礼を全うすれば、これを可能にすることもできるだろう。巡礼は、霊的喜びに加えて、この世からの究極的解放までもたらしてくれる。また霊場巡礼をすれば、信者には、何らかの神話的出来事の起こった場に身を置くことで、聖なる歴史をいま一度甦らせてこれに参画することも可能になる。しかも、そうした霊場の、霊気みなぎる寺院を訪ねることも、可能になるのである。

ヒンドゥー教のイコン

サンスクリット語で、神像は〈ムールティ mūrti〉と呼ばれている。二千年以上もの歴史をもつこの言葉は、明確な形をもった像ならどんなものを指すこともできる。ヒンドゥー教のイコンもしくは神像は、その人間的外観を通じて、神人同型同性説的なものであることもあれば、全く抽象的なものであることもある。インダス河流域のテラコッタ像から現代のドゥルガー女神像にいたるまで、像という像はすべて、文字通り聖なるものと見なされている。〈ムールティ mūrti〉という言葉は『ウパニシャッド』や『バガヴァッド・ギーター』でも用いられており、単なる像というより遥かに以上のことがらを含んでいる。ヒンドゥー教のイコンは、ある不可視の幻想的な神的実在を視覚的に表現したものである。例えばナタラージャの頭、ヴィシュヌの四本の腕、ガネーシャの象面、スカンダの六つの頭などは、どれをとっても、あるつかみがたい実在を表わすためのただの空想上の形に過ぎないが、神々を表わす神像としては、こうした形のほうが人間には理解しやすいのである。

例えばバクティ派の信者の崇拝に見られるように、イコンが守護神と見られているときは、そのイコンには神の存在がみなぎっていると思われている。ある像を崇拝することは、信者がそれによって神に近づくことのできる一つの方法である。〈ムールティ〉もしくは神像という形を通して、ひとは神を招来し、神を身に浴び、神を讃え、神に触れ、神を眺める。したがって神々の像を深く崇拝することによって、ひとは、神々に対する深い愛情を示すことができるようになる。信者にとっては、そうした像を通じて、神への思いを流露させることが可能になるのである。

『シルパ・シャーストラ』というのは、神像を神の存在にふさわしいものとして創るための、その詳細を記したテキストである。このテキストには、身体諸部分の寸法、正しいポーズ、手や頭の数、手の形（印契〈ムドラー mudrā〉）、手にもつしるしや武器、乗り物（ヴァーハナ vāhana）となる適切な動物、しかるべき台座〈アーサナ āsana〉等々の詳細が記されている。どんな像も、正確な技術によって仕上げられた、からだのバランスがとれていて見た目にも心地よいものでなければならない。そうであってはじめて、その像は神の住まいにふさわしいものとなることができるのだと、ヒンドゥー教徒は信じているのである。このように神々が、こと細かな固有の姿で表現されるようになったのは、何世代にもわたる司祭や芸術家たちの、瞑想と探究とこのうえもない献身的信仰との賜物である。

また神像のサイズ、形、芸術的性質などに加えて、実際に像を造るときには、多くの儀礼に従わなければならない。〈シルピン śilpin〉つまり彫刻家にとって何よりも大事なのは、イコンを木で造るときも、またイコンを石で造るときも、バラモンの忠告に従って、しかるべき時にしかるべき手順で木や石を切り出すことである。ヒンドゥー教徒は、物質のどの一粒、どの一かけらにも、その土地の霊が住みついていると信じているので、イコンを造る儀礼には、木や岩に住みついた霊にどこかよその所に出ていってくれとお願いすることが必要になる。そこに神の像を刻むためには、どんな霊にも染まっていない〈清浄な〉原材料の塊を用意することが、肝腎なのである。

イコンを造るためには、シルピンは『シルパ・シャーストラ』に記された像の記述をまず読んで、そのイコンの像がありありと心に浮かんでくるまで精神集中を行う。仕事を始める前には、お清めの儀礼を行わなければならない。このように、伝統的な神像作家にとってイコンを造ることは、高度な精神集中を要するという点でヨーガの修練にも匹敵する行為となる。

イコンが完成された時には、特別の祝福の儀礼が行われる。像を、バター、蜂蜜、特別の草といったさまざまな儀礼用の品々で浄化する。特に神の眼には、蜂蜜とバターが埋め込まれる。次いで司祭が、イコンのさまざまな身体部分に次々と手で触れて、それぞれの部分にさまざまな神々を招き入れる。こうした儀礼によって、個々のイコンには、それ自体が表現している神とは別の多くの神々が、象徴的な形で住みつくことになる。一つの神を通じて多くの神々を手にするという行為は、『ヴェーダ』の原人〈プルシャ Puruṣa〉の存在と、ヴェーダの讃歌〈原人解体 Puruṣa-sūkta〉のなかで原人から創造されたとされている神々の存在とを、私たちに思い起こさせる。

最後に、〈息をしているように仕上げる〉という意味のいわゆる入魂〈プラティシュター prati-ṣṭhā〉の儀式を通じて、像に息が吹き込まれる。この儀式を行っている間は、ずっと特別の咒句

シヴァ神の息子で象頭神のガネーシャは、人々がものごとを始めるときに祈る神である。信者たちは、何か仕事を成し遂げようとして出会う困難を克服するために、この神に祈りを捧げる。ガネーシャは信者を祝福し、さまざまな障害を取り除いてくれる。

〈マントラ mantra〉が唱えられる。そして黄金の針で眼が開けられる。こうして祝福が与えられると、これでイコンは、神が一時的に下ってくるにふさわしくなったと考えられる。神像は、神の存在に呼びかけるものとしては、そのほとんどがこのようにして仕上げられる。お清め（浄化）の複雑な儀礼と仕上げの儀式を行っていないイコンは、聖なる力を欠いたただの芸術作品にすぎない。

ある神を表わすイコンがただ一つの姿でしか表わされないということは、ほとんどない。むしろ神々は多くの姿を通して表わされる。例えばシヴァ神が、ナタラージャの姿で表わされたり、パールヴァティーと一緒にいる神として表わされたりするといった具合である。ヴィシュヌは、クリシュナ、ラーマ、カルキなど、そのさまざまな化身の姿をとって表わされる。クリシュナとドゥルガーは、乱暴で恐ろしい格好をして敵を殺している姿が像になっている。

寺院には、移動できる神像と移動できない神像がある。移動できないものは、寺院建築の一部になっているからであるが、移動できるものは、〈拝観〉のため、お祭り期間中にかぎって外に出すことができる。〈ダルシャナ darśana〉、すなわち神々の像を拝観することは、神が家庭や寺院に安置されているときでも、また神が行列を伴って旅をしているときでも、同じように重要な行為となっている。拝観の儀礼は、ヒンドゥー教の礼拝の基本的要素の一つになっているのである。

プージャー

日々の礼拝・供養〈プージャー pūjā〉は、ヒンドゥー教徒のお勤めのうちでは、一つの重要な儀礼になっている。寺院で行われる毎日の儀礼は、信者の繁栄と健康の源と信じられている。プージャーの目標は、神々を天界から勧請してさまざまな供物を献じたヴェーダ期の祭火による供犠を思い起こさせる。プージャーは、ヒンドゥー教の儀礼では最も繁く行われるものである。

ヴェーダ期の人たちは、神々が天界に住んでいると信じていた。すでに叙事詩時代になると、聖域が儀礼を通じて浄化され、イコンが聖別され、讃歌の言葉を通じて神が招来されれば、神の力が地上に下ると信じられていた。だから神々には、たえず愛と称讃が捧げられたのであり、またださらこそ、初期のヒンドゥー教徒は信じたのである。その招来された神格にさらに適切な献身と世話を捧げれば、その神格は寺院にとどまって社会を護ってくれるだろうと。また、そうした神像にしかるべき世話を捧げなかったり、悪意にもとづく破壊や冒瀆からイコンを護らなかったりすれば、神はそうしたイコンや寺院を見捨てることになるだろうと。

神の世話を絶えずするという考えから、神には毎日決まった儀礼を捧げる必要があると考えられるようになった。そしてここからヒンドゥー教のプージャーが発展したのである。どこの寺院にも住みこみの司祭がいて、日の出、正午、日没、真夜中には、しかるべきプージャーを必ず執り行っている。また司祭が寺院に住んでいるのは、絶えず神の世話をして神の善意がいつもそこにあるようはからうためである。

寺院に毎日お参りしたり、決まった日にお参りしたりすることが、ヒンドゥー教徒の義務になっているわけではない。多くの熱心なヒンドゥー教徒は、家庭での礼拝を通じて自分たちの神々との接触を保っているからである。けれども儀礼によっては家庭で営めないものもあり、そのときは司祭の助けが必要になる。

プージャーというのは、会衆単位で行われる礼拝のことではなく、ある神格ないしはある神格およびその眷族に捧げられる個人の礼拝のことを指している。寺院にお参りするのは、個人や家族の健康、お金、教育、一般的恵み、安全などに関係があるからであろう。多くの人たちは善因善果の善きカルマや、そこから来る魂の解脱・解放を求めているのである。今日見られるプージャーの儀礼は、家庭でも寺院でも、最も早いころに行われていたものとあまり変わっているわけではないが、やはり昔の儀礼は、ずいぶん簡素なものであった。

プージャーは三つの段階から成る。まず始めに神を拝観する。次に、プージャーもしくは礼拝が行われる。ただしこれには、花、果物、〈ボーグ bhog〉と言われる調理した食べ物などを捧げる行為が含まれる。そして最後に〈プラサーダ prasāda〉と呼ばれる祝福された食べ物をお下げして、これをいただく。こうした聖なる行為によって、ヒンドゥー教徒は感情と感覚を通して神との関係を生み出している。ある学者は次のように記している。「寺院は神の顕現のモニュメントである。寺院にお参りに来る人たちは、ただの見物人としてではなしに、一人の拝観者として寺院を見つめるのだ」と。

ヒンドゥー教徒は、家庭に、一つまたはそれ以上の神格に捧げられた祭壇を設けているのが普通である。祭壇には、一家の守護神、主要神と主要女神、聖者、そして先祖などが祀られている。祭壇は一つの聖域に安置されている。だが聖域と言っても、それは部屋の片隅であることもあれば、ニッチであることも、キャビネットの棚であることもあり、また裕福な家庭では、そのためにわざわざ小さな部屋を用意していることもある。儀礼用の手回り品には、聖域に散水してお清めをするための水差し、鈴、神様の前で灯される灯明、線香立て、花や果物や新しく調理された食べ物を盛った皿などがある。こうしてヒンドゥー教徒は、家庭の祭壇で、毎日簡単なプージャーを捧げる。

ドゥルガー・プージャーのお祭りでは、水牛の姿をとった悪魔マヒシャを退治したマヒシャ・マルディーニ女神が、注目の的になる。毎年お祭りの最終日には、人々はこの女神像を川で沐浴させる。

プージャーを行っている間じゅう神や女神が下ってこの儀式に臨んで下さるよう、家長が神や女神を招来する。神の存在が感じられると、信者は神が像にお入りになったのだと考える。そこで信者は神に座をおすすめして、神の足を洗い、神に水を捧げる。像に象徴的な形の沐浴をさせて、新しい着物を着せ、さらには飾り物でこれを飾り立てたりすることもある。香水と香油がつけられ、花や花飾りが像の前に置かれる。神の前では線香が焚かれ、灯明が灯される。調理された米、果物、バター、砂糖などが捧げられる。家族は一人ずつ神の像の前に額ずき、祝福された水をすすり、調理された食べ物の分け前に与る。すでにその食べ物は神の祝福を受けているので、信者にとっては、祝福を受けた食べ物〈プラサーダ〉と考えられるからである。そして最後に、休息なさるなり出発なさるなりするよう、神にお願いをする。

神々は、家庭では御降臨くださいと言って招来されるが、寺院では〈お目覚め〉になるよう求められる。寺院ではあらたかな客人たちが地上の家に寝泊まりしていられるからである。神々は王族の身分で寺院に止住したまうと信じられている。寺院では毎日数回、フル・プージャーが行われる。それは家庭で毎日行われるプージャーとは内容よりも規模の点で異なっている。バラモン教の主要神を祀っている寺院では、司祭はバラモンの名で呼ばれる。従属神を祀ったりより小さな寺院やお宮では、バラモンより下のカーストのメンバーがお勤めをしていることもある。

寺院の内部は薄暗いので、外の明るい光の中から入って来た信者の目を、やさしく鎮めてくれる。集会ホールの〈マンダパ maṇḍapa〉には、花の香り、灯明の燃える香り、線香の香りなどが立ちこめている。信者は、花、果物、調理ずみのボーグなどを含む、プージャーに必要なもの一式を携えて、神が祀られている最奥の聖域にしずしずと進み出る。聖域の近くでこれらのものが司祭に渡される。すると司祭が、信者に代わってプージャーを執り行ってくれる。

御本尊を拝して、お下がり・プラサーダを頂戴したあと、信者は聖域の回廊を一周りする。子宮の密室を時計まわりで一周りして、この最奥の聖域の外壁に手で触れる、という行為から成る右遶〈プラダクシナー pradakṣiṇā〉の儀礼は、家庭では営めないものとして、寺院儀礼の重要な一部に

ヒンドゥー教徒の家庭では、プージャーは毎日の決まった作業の一部になっている。ここでは一人の女性が、窓辺に据えられたお宮の前で、礼拝を捧げる準備をしている。花輪や鐘、容器やその他のプージャー用の用具などが目をひく。

なっている。

ヒンドゥー教の礼拝には、お祈りや捧げ物のほかにも、神の像をよく理解するという宗教的意味にあふれた体験が含まれている。この体験は昔から行われている〈拝観〉の行為によって助長される。この行為は、単に信者が像を〈見る〉ということだけではなしに、神が信者を〈見る〉ということをも意味しているところから、有り難い行為と考えられ、特別に〈拝観（観取）darśana〉の行為と呼ばれている。そのようなわけで、ヒンドゥー教の像には、信者との間で〈眼差しを交わし〉やすいように、恐ろしく大きな眼が備わっているのである。

同じようにプージャーでは、ひとは見るだけではなく、ものに触れたり、ものを聴いたりもする。プージャーでは五感のすべてに特別の意義が与えられている。ひとは灯明という捧げ物を眼で見、儀礼の品々や神々の足に（可能な場合には）手で触り、鐘の音や朗唱される聖なる響きを耳で聴き、線香の香りを鼻で嗅ぎ、儀礼の終りに差し出される祝福された食べ物を舌で味わうのである。

礼拝・供養者

ヒンドゥー教の礼拝者すなわち〈プージャカ pūjaka〉は、家庭では日々のお勤めをし、寺院では特別の日に礼拝を行う。プージャカは、礼拝を始める前は、儀礼の点から見ても清浄でなければならないが、からだのうえでも健康でなければならない。沐浴し、衣服をあらため、心から汚れた思いを閉め出すことが求められる。司祭もまた、からだのうえでも儀礼のうえでも、同じように清浄であることが求められる。お清めの行為を通じて、司祭も信者も、聖なる礼拝対象にみずからを同一化することが可能になる。

お参りしたときは、信者は寺院の外壁に刻まれた神々の像や神話上の情景をよく眺めてくる。これまで聞いたり読んだりしてきた聖なる物語を、またそっくり思い起こすことができるように。そうした物語や情景で心を一杯にして帰ってくれば、信者は、これで知りえぬ事柄を知ることができたと、心底思うことができる。信者は、美術や建築上のさまざまな形や献身的信仰などを通して、ものごとのなかに新しい霊的な意味を見いだすこともできるようになるのである。

寺院の戸口は外界の諸悪に染まりやすいと信じられているので、戸口の護り神とか聖なる河の神といった従属神たちが、戸口のうえの渡しや戸口の側柱に彫り込まれたり、その近くに置かれたりしている。これらの像は、心身のどんな汚れをもった信者でも清めてくれると考えられている。またこれらの像は、信者が寺院に入るとき、信者の上に聖なる祝福を与えてくれる。

信者は寺院に入るだけで神的世界に近づくと言われている。信者は一連の囲い込まれたところを通り抜けることで、しだいにあらたかな存在になっていく。そうしたところを通過するだけで、ひとはしだいに、地上的次元から聖なる次元へと引き上げられていくのである。

寺院のなかで信者が物理的に天界に昇るわけではない。けれども霊的集中を通じて、神的目覚めに達するひともいる。開けた空間から閉じた空間に到り、明るい世界から闇のなかに入っていき、そうして、この世の複雑なしがらみの世界から神界の単純さのなかへと移行をとげる。そして最後に信者は、ガルバ・グリハ（子宮の密室）の戸口に近づいて、捧げ物を司祭に渡し、自分に代ってプージャーを執り行ってもらう。信者は司祭の動きに従いながら、ガルバ・グリハの外で待つのである。

ヒンドゥー教の礼拝でよく見られる行為は、お辞儀をすること、跪くこと、ひれ伏すこと、足に触ることなど、謙遜を表わすジェスチャーである。ひとが大切な家族のメンバーのために毎日行っていることを神に対して行うことで、神への称賛と愛情が表現されるのである。目を覚ます、沐浴する、衣服を着る、調理する、給仕する、眠るといった家庭での活動も、毎日行うことで洗練されたものになっていく。ヒンドゥー教のプージャーは、守護神を讃えるための、こうした日々の活動を行うことから成っている。世俗の日常的行為も、洗練されたものになれば、家庭の守護神のために執り行うにふさわしい儀礼的行為になっていく。最後に、プージャーという特別なときに臨んで、神や招来され、衣服を着せられ、飾り立てられ、手で触られ、眼で見られ、讃美される。ここでは、世俗的感情が強い神聖な値を帯びたものになり、人間の感情が神的愛となる。かくして、家族関係とプージャーの儀礼の行為がたがいに一枚に織りあわされていく。小さな日常的な仕事が神を讃えて行われるとき、それらは聖なる儀礼となるのである。

7

社会的義務と通過儀礼

〈ダルマ dharma〉という言葉は、道徳的義務や法を意味するものとして、ヒンドゥー教では重要な意義をもっている。この言葉の意味と起源は、〈リタ ṛta〉という言葉が宇宙秩序すなわち天則を意味していたヴェーダ期にまで遡ることができる。リタという聖なる法則によれば、この世のいかなるものも、それにふさわしい本来の場と、機能と、序列・秩序をもっている。宇宙のなかに一つのバランスが生まれるのも、そのためだという。

ヴェーダ期には、宇宙秩序と言えば道徳的義務のことをも意味していたが、シャーストラのテキストになると、リタという観念はさらに枝分かれしてダルマという考え方へと発展していく。これらのテキストでは、ダルマという言葉は、宇宙の法則や道徳的義務をはじめとして、社会的・倫理的・宗教的義務まで意味するようになる。シャーストラでは、宇宙の実在といえども、人間一人びとりの本来の振る舞いに依存しているのだ、という点が強調されているのである。何か非本来の行動、すなわち不法〈アダルマ adharma〉が行われれば、宇宙は非実在的なものに転落したり、ついには無に帰したりすることさえある。したがって、宇宙を維持し、宇宙の調和をさらなるものにしようとするなら、ひとには、それぞれにふさわしい本来の振る舞いが必要になる。このようにして、ダルマは、ヒンドゥー教的世界を維持していくうえで、大きな意味をもつことになった。

ヒンドゥー教では、ダルマという道徳的ならびに社会的な義務は、カルマ（業）、サンサーラ（輪廻）、そして最後にモークシャ（解脱）の諸説と結びついている。したがってヒンドゥー教の〈ヴァルナーシュラマ・ダルマ varṇāśrama-dharma〉について、すなわち、四つのカーストと人生の四段階（四住期）を含んだ一つの義務体系ないし法体系について語ろうとするなら、まず先に、カルマ、サンサーラ、モークシャの三つの用語について学んでおく必要がある。

ダルマの起源

倫理的行動や道徳的生活についての諸観念は、ヒンドゥー教聖典に由来する。伝統的に、ヒンドゥー教の聖典は二種類に分類されてきた。『ヴェーダ』と『ウパニシャッド』を含む〈シュルティ〉（聴いて得たもの・天啓聖典）と、二大叙事詩とプラーナを含む〈スムリティ〉（記憶さるべきもの・聖伝文学）とである。聖伝文学スムリティには〈スートラ sūtra〉すなわち経と呼ばれる新しい形式の文学も含まれる。

スートラでは道徳的教訓が与えられた。〈スートラ〉というのは、文字のうえでは教法を貫く糸のことを意味しており、その内容は『ヴェーダ』と併せて記憶されるべきものとされた。スートラ

結婚の祝い〈ヴィヴァーハ vivāha〉には、新郎新婦の新しい責任を指し示す、多くの象徴的なしぐさが含まれている。この可愛らしいしぐさには、新郎の食事の世話をするという、新婦の新しい義務が表現されている。

の最初期のものは、家庭経『グリヒヤ・スートラ Gṛhya-sūtra』（家庭での儀礼）と天啓経『シュラウタ・スートラ Śrauta-sūtra』（司祭による儀礼）とであり、最後に編まれたものが、律法経『ダルマ・スートラ Dharma-sūtra』（道徳的行動の道）と呼ばれるものであった。

これらのスートラは、西暦紀元の始まる前に、バラモンによって書かれていた。おそらくヴェーダ後期のバラモンには、ひとは儀礼よりも、宗教生活そのものにこそ関心をいだくべきだと思われたのであろう。彼らの記したテキストでは、倫理的生活を送ることがどうして宗教生活の要諦をなすのかが、詳しく説かれている。バラモンは、儀礼が神聖なものだということを否定しているのではなく、倫理的行動の重要性を強調し、社会的義務について教示し、聖なる徳性について教育しているのである。これらのテキストが律法経『ダルマ・スートラ』と呼ばれるゆえんも、そこにある。『ダルマ・スートラ』は理解するのがむずかしかったため、説明が加えられ、法典『ダルマ・シャーストラ Dharma-śāstra』と呼ばれるものへと拡大していった。シャーストラは韻文で書かれていたので、『ダルマ・スートラ』より覚えやすくもあれば、理解しやすくもあった。やがてヒンドゥー教徒は、『ダルマ・シャーストラ』を理想的な社会的行動のための手引きの書として参照するようになった。

数ある『ダルマ・シャーストラ』のなかでも、最も大きな影響力をもったものは、マヌ Manu

という名の賢者によって書かれた。このテキストは、紀元前二〇〇年から紀元後二〇〇年の間のある時期に書かれたもので、『マヌ法典』の名で知られている。今日のヒンドゥー教社会の公的規範は、『マヌ法典』によって確立されたと見ることができる。

『ダルマ・シャーストラ』によれば、ダルマをよく保つ者は、生きているうちには名声を、そして死後には比類なき幸せを与えられるという。ダルマをよく保つとは、倫理的に振る舞うことを意味しているため、〈ダルマ dharma〉という言葉は、結局のところ、ひとの現在の行動がそのひとの将来の生活状態を決定するという〈カルマ（カルマン）karman〉の観念に、密接に結びついていることになる。

カルマとサンサーラ

もともと正しい活動や適切な形で行われた儀礼ならどんなものも〈カルマ（カルマン）karman〉と呼ばれていたのが、後になると宗教哲学者たちによって意味が拡大され、カルマという言葉は、ひとの現在の行動がそのひとの未来を決定するという意味を、表わすようになった。したがってヒンドゥー教のカルマの法則のうちには、ひとの行動はそれに相応しい賞罰に帰着するという因果応報の観念も潜んでいることになる。

学者のなかには、未来の生活が過去の行動に依存しているという考えは、植物や樹木や畑などを長期間じっと観察することから発展してきたにちがいないと考えている人たちもいる。こうした人たちは信じている。初期のヒンドゥー教徒は、健康な種をまいて世話をすれば大地は繰り返し〈子を産む〉ことに気づいていたはずだし、植物は実際に死ぬのではなく、植物の死は、植物が春になってみずから自己を更新するための一プロセスにすぎないことも理解していたはずだと。ある意味で植物の生命は、どんなものも、生まれかわるために死を迎えるのであって、植物の生まれかわりの状態は、前世の状態が健康であったかどうかによって決まってくる。学者たちは、初期のヒンドゥー教徒もまた、これと同じことがどんな生物にも当てはまるはずだと感じていたにちがいないと、考えているのである。

ヴェーダ期には、正しい儀礼の遂行がカルマと呼ばれており、司祭が何かの儀礼を正確に執り行えば、その司祭は神々をも支配していることになると信じられていた。その後ウパニシャッドの賢者たちが、現在私たちが理解しているような、カルマについての理解のしかたを教えた。つまり彼らは、肉体的ならびに精神的活動はすべて、より大きな宇宙的プロセスの一反映にすぎないと信じていたため、ひとつは、［天則・リタのもとで］よい行いをすればよい状態に到り、悪い行いをすれば悪い状態に到るのだと、教えたのである。また、こうした哲人たちを通じて、生と死の果てしない反復という考え方も強化されて、そうした反復のことが、輪廻すなわち〈サンサーラ saṃsāra〉と呼ばれるようになった。

カルマ（業）とサンサーラ（輪廻）の教説は、人間がどうしてたがいに違っているのかを、ヒンドゥー教徒に示した。人々がたがいに異なった社会的階級に属していたり、たがいに異なった肉体的ならびに精神的能力を備えていたりするのは、各人の現世もしくは過去世での行いの結果であるにちがいない、というのである。カルマとサンサーラの教説は、また同時に、ヒンドゥー教徒に向かって倫理的行動を奨励する結果にもなったが、それは、もしも倫理的に行動しなければ、ひとは将来、自分の貧しい行動のつけを負うことになるからであった。

輪廻の世界というのは、それ自体、要求と結果と条件とから成る絶え間のない変化の世界である。この世界は、神々の住む永遠の無条件的世界とは対照的である。ヒンドゥー教徒としての教えを実践することの最終目標は、輪廻の絶え間なき変化からみずから自己を解放することにあり、生と死の果てしない反復を逃れて、神々の世界に生存を得ることにある。

モークシャ

〈モークシャ mokṣa〉すなわち解脱とは、この世の条件づきの一時的生存からの解放を意味し、ヒンドゥー教徒は誰も、この宗教的状態を求めて努力する。この世で何かを成就しようとしたからといってモークシャが得られるわけではない。むしろ人生からの解放〈ムクティ mukti〉を求める人は、みずからの個人としての自己が究極の実在と一体化した状態を、つまりは梵我一如の状態を、身をもって体験しようとする。

モークシャというのはヴェーダ的概念ではない。『ヴェーダ』のテキストは、むしろ地上の恵みを享受することに関心を寄せている。ヴェーダ期の人びとは自然の力を畏怖していたため、擬人化された自然の力をなだめるために讃歌を作ってはこれを詠唱し、こうした擬人化された神々を招き寄せては地上の恵みに与ってもらおうとした。ヴェーダ期の人びとは、この結構な地上の生活からの解放を求めたりはしなかったのである。

インド思想史では、モークシャという観念は早くも最古の『ウパニシャッド』とともに現われる。〈モークシャ〉という言葉は、紀元前六世紀のある時期に用いられているが、この概念は、叙事詩の『マハーバーラタ』や『ダルマ・シャーストラ』などにおいて練り上げられていく。

ヒンドゥー教徒なら誰しも、『マヌ法典』に定められた律法規範に従って自分の人生を形作っていくはずである。ヒンドゥー教徒は、カーストの律法に従わねばならず、四住期という人生の段階にも従わなければならない。ヒンドゥー教徒が聖典に従って理想的な人生を送ったならば、やがて解放が得られるだろう。ヒンドゥー教徒のこの理想的な人生が、〈ヴァルナーシュラマ・ダルマ〉のモデルに反映している。

ヴァルナーシュラマ・ダルマ

〈ヴァルナーシュラマ・ダルマ varṇāśrama-dharma〉（カースト・四住期の法）というのは、社会的なカースト制度を意味する〈ヴァルナ varṇa〉と、人生の諸段階を意味する〈アーシュラマ āśrama〉と、義務、法、適切な正しい振る舞いなどを意味する〈ダルマ dharma〉という三つの言葉を、合成したものである。ヴァルナーシュラマ・ダルマは、相互的な社会的義務に立脚している。

これは、『ダルマ・シャーストラ』ではヒンドゥー教社会の男性メンバーのための手引きとして記されたものであったが、後に、ヒンドゥー教社会全般を規定する制度となった。ヴァルナーシュラマ・ダルマとサンサーラとが、ヒンドゥー教社会のメンバーに道徳的・倫理的・社会的価値を付与して、ヒンドゥー教社会そのものを形成しているのである。

ヴァルナーシュラマ・ダルマの制度は、部外者の到来に刺激されてできたものである。それは、部外者（外国人）を社会の中核から閉め出すために生み出された。けれども、それはまた同時に、ヒンドゥー教徒のさまざまな職業を一つに組織立てて、家長の立場を強化するのにも役立った。このモデルは、二つの社会的理想を組み合わせることから発展した。一つは、〈ヴァルナ〉という理想、すなわち四つの位階的カースト（バラモン、クシャトリヤ、ヴァイシャ、シュードラ）であり、いま一つは、〈アーシュラマ〉という理想、すなわち男性メンバーのための四つの人生段階――学生期〈ブラフマチャーリン brahmacārin〉、家住期〈グリハスタ gṛhastha〉、森住期〈ヴァナプラスタ vanaprastha〉、遊行（苦行）期〈サンニャーシン saṃnyāsin〉――である。

ヴァルナーシュラマ・ダルマは、ダルマの法とカルマの法とに従って生活していくための一つの指導原理である。ヒンドゥー教徒は、この制度の枠を守りながら、各自のヴァルナに定められた義務を履行することによって互いに支えあって生きている。ヒンドゥー教徒は信じている。もしも自分の義務を不完全にしか果たさない人がいれば、それは社会全体を損なうことになるばかりか、宇宙全体を害することにもなると。ひとのダルマもしくは義務は、他人が代わって遂行するわけには

行者〈サードゥ sādhu〉の姿は、インドではよく見られる光景の一つである。この二人のサードゥは、額の徴からもわかるように、ヒンドゥー教のたがいに異なった宗派に属している。一般に、水平的な線はシヴァ派の一員であることを、また垂直的な線はヴィシュヌ派の一員であることを示している。

いかない。『バガヴァッド・ギーター』も述べているように、「ひとの義務を充分に果たすより、自分の義務を貧しく果たす方が、すぐれている」のである。

またヒンドゥー教徒のあらゆる需要な聖典は、原則として、人びとは年令や職業にかかわりなく、いくつかの道徳的義務を果たすべきだということをも、説いている。例えば、ひとはどんなときも、真実を語り、真心こめて行い、他人を恕し、じっと辛抱すべきだといった具合に。このような規則は、ヴァルナーシュラマ・ダルマとは別に、〈サナータナ sanātana〉すなわち永遠の法とか、〈サダーラナ sadhāraṇa〉すなわち万人の法などと呼ばれている。ヒンドゥー教徒は普通自分たちの宗教を永遠の法〈サナータナ・ダルマ sanātana-dharma〉と呼んでいる。

ヴァルナーシュラマ・ダルマという言葉に見られるような、四つのカーストと四つの住期に従って暮らすという理想は、ヒンドゥー教の聖典に説かれてはいたが、実際には、家住期より先の段階に入っていく人はあまりいなかった。とはいえ、モークシャに達するために家長が森で隠者の暮らしをする可能性は残されていた。

ヴァルナ

世界は、互いにはっきり異なった社会的階級ないしカーストから成っていてこそ、バランスがとれたものになるのだ、という観念は、ヴェーダ期の原人解体〈プルシャ・シュクタ Puruṣa-sūkta〉と言われる讃歌に起源をもっている。

かれら（神々）が原人（プルシャ）を［宇宙的な祭祀における犠牲獣として］切り刻んだとき、いくつの部分に分割したのか？

かれの口は何になったのか？　かれの両腕は何になったのか？

かれの両腿、かれの両足はなんと名づけられたのか？

かれの口は、バラモンであった。

かれの両腕は、王族（クシャトリヤ）とされた。

かれの両腿は、庶民（ヴァイシャ）とされた。

かれの両足からは、隷民（シュードラ）が生まれた。


（『リグ・ヴェーダ』、原人讃歌Ｘ・九〇）

『マヌ法典』は主張している。このヴェーダ讃歌はヒンドゥー教がヴァルナを社会制度としていることの正しさを説いたものだと。この讃歌は、インダス河流域に移入してやがてガンジス平原へと渡っていったアーリア人に特徴的なものだと信じられている社会的区分のことに言及している。そして、ここに述べられているのがヴェーダ期の人々なのだというのである。ヴァルナ、すなわち四姓をこのようなものだと規定する歴史的記録はなにもないが、少なくともヴェーダの讃歌からは、当時の社会制度が、司祭階級のバラモン、貴族・戦士階級のクシャトリヤ、商人・農民階級のヴァイシャ、奉仕者階級のシュードラの、主として四つの階級から成っていたことが明らかになる。

けれどもこの制度は、時の経過とともにきわめて複雑なものになっていった。ひとの義務は、そのひとが属するカーストとそのひとがおかれている人生の段階に従って多様化していき、さらにそのひとの属する性別、家系、地域などが加わって、問題をはるかに複雑なものにしたからである。

現在では、ヴァルナ制度すなわち四姓制度は、たがいに異なったカーストや、たがいに異なった民族に属する者同士の結婚によって、さらに〈ジャーティ jāti〉と言われる下部カーストへと発展している。同じカーストに属する者同士が結婚すれば、次の世代まで同じカーストが続くが、たがいに異なったカーストに属する者同士が結婚すれば、その子孫は新しいカーストを生み出すことになる。この新しいカーストは、三つの上位カーストのどれよりも低いカーストに属したが、最も低いカーストのシュードラよりは高いカーストに属した。ところが、三つの上位カーストのいずれかのメンバーが、シュードラや他民族のメンバーと結婚すれば、その子供たちはアンタッチャブルすなわち不可触民となって、シュードラよりさらに低い階級に属するのであった。こうした複雑な制度から、何千ものジャーティが生まれる結果となった。

こうしたジャーティに属するヒンドゥー教徒が、インド全土に暮らしている。彼らには、結婚、食べ物、職業、およびその他の活動を支配する規則があって、この規則に従うことによって家族の純粋性が保たれている。結婚の規則に背いたものは、罰として、自分の属するジャーティから追放されることになる。

多くのヒンドゥー教徒にとっては、ジャーティも四つの古典的ヴァルナの下位区分にすぎない。ジャーティを通して、ともかく何らかのヴァルナに属していること自体が重要なのであって、彼らの考えでは、それは、前世の行いから各自の魂が受け取った賞罰の一部でしかない。ヒンドゥー教徒にとって、現世の状態は、バラモンが清浄で聖なる生活を保っているかどうか、またそれぞれのジャーティに帰せられている地位が高いか低いかなどと、関係している。とはいえ、ひとがどの社会的カーストに生まれるかは、主として、そのひとの魂が前世の受肉を通じてどんな生活を送ったかによっていると、信じられている。バラモンは魂が最も清らかだとされているが、バラモンとても不正を働けば、罰として、ずっと低いカーストや不可触民のメンバーに生まれかわることになるだろう。

四つのヴァルナは一つの実用的な制度を作りあげて、社会のメンバーは誰もたがいに支えあって生きているのだという図式を描き出している。この制度の頂点に立つバラモンは、かつては『ヴェーダ』を教え、献供に立ち会い、贈り物を受けるよう求められており、事情の如何によらず、他のカーストに属するものがこの三つの義務を行うことは不可能であった。バラモンの最優先課題は、家庭での儀礼を執り行ったり寺院での儀礼を営んだりするために、自分たちの階級の純粋性を守ることにあった。菜食生活が奨励され、やがてそれがバラモンの間で一つの規範となっていった。かくして、〈殺すことをよしとしない〉バラモンが、みずからの高い地位をあらためて確かなものにしたのである。

クシャトリヤは支配者であり戦士であった。彼らは王様としては地上の権力を握って、臣民を保護したり、社会の機能がしかるべき形で行われるよう気をつけたりした。また戦士としての彼らに課せられた義務は、敵を殺すことにあった。これに対してヴァイシャは、家畜を飼育することを努めとしており、これに加えて農耕や金貸しなども営んだ。ヴァイシャには、バラモンやクシャトリヤなどと並んで、『ヴェーダ』を学んだり、献供を執り行ったり、神に贈り物を捧げたりすることもできたうえ、みずから、もろもろの通過儀礼に加わったり、聖紐を身につけたりもした。けれどもヴァイシャには、宗教的儀礼を営んだり、戦士の義務を果たしたりすることは、許されていなかった。

シュードラは、『ヴェーダ』から引かれた朗唱を必要としない、ささやかな献供や家庭での簡易な儀礼を行うにとどまった。彼らは、社会が全体として滞りなく機能していくよう、ありとあらゆる手作業を行っていたのに、どのような聖なる儀礼を行うことも禁じられていた。そのうえ彼らは、社会のもろもろの基本的必要事を引き受けていたにもかかわらず、ヴァルナーシュラマ・ダルマの制度への加入式を正式に授けられることもなかった。

アーシュラマ

六世紀を通じて、独身の禁欲生活という観念がガンジス河の岸辺を洗っていた。仏教やジャイナ教といった新しい宗教が、ヴェーダの伝統からすでに分岐を遂げていたのである。人間には輪廻の果てしなき反復を逃れるすべはないのだとすれば、ヴェーダの献供にいったいどんな価値があるのだろうと、普通の人たちは考えた。神々をなだめるために行うヴェーダの献供の儀礼にしても、何のためだというのか。人間が輪廻の定めを逃れえないかぎり、献供が何の足しになるというのか。

さまざまな宗教がこのように豊かな成長を遂げていく間に、バラモンたちは、仲間が他の宗教に改宗しないよう、自分たちの思考法に神学的正当化を施そうとした。彼らは、結婚や、儀礼の献供や、その他のヴェーダの制度などの宗教的重要性はそのままにして、なおかつ、苦行者や禁欲主義者の生活をも自分たちの宗教の本流に組み込めるような、そういう宗教的生活を見出そうとしたのである。そうした解決法の一つが〈アーシュラマ〉すなわち四住期の制度であったため、これが聖なる律法の最も重要なものの一つとなった。

アーシュラマは、解放すなわちモークシャに到る階梯の四つの踏みことと見なされている。学生期は成人生活のための準備期であり、家住期はこの制度で最も重要な段階である。森住期と遊行期は、老年期と隠棲期に属すると見なされている。どのアーシュラマに身を置いても、ひとは自分より上の段階に属する人たちには敬意を払うべきだとされている。

学生期

ヒンドゥー教の男子たる者は、学生すなわち〈ブラフマチャーリン brahmacārin〉となって、聖なる伝統と聖典とを知るために勤勉に学ぶこととされていた。八才から一二才までは、上位三カーストのいずれに属する少年も、弟子入りを許してくれた師のもとで入門式を済ませた後、『ヴェーダ』を学ぶことができた。入門式を授けてもらわないうちは、師と起居をともにすることは許されなかった。いったん受け入れてもらえば、あとは聖典暗唱の手ほどきが待っていた。

師のアーシュラマ（道場）では、学生は清貧と従順の生活を送った。学生は、師に個人的に仕える者として、水汲み、薪運び、給仕、掃除など、師の身の回りの世話一切を行うものとされた。学生には、師に対する絶大な尊敬と献身が期待されていた。学生はこのように何年かを過ごしたあと、やっと学業を終えるのであった。

家住期

若者が学業を終えれば、今度は結婚するものとされた。これは第二のアーシュラマ、家住期〈グリハスタ gṛhastha〉と考えられた。男性は独自の力で生計を立て、息子をもうけ、そして自分のカーストにふさわしい仕事を通じて家族の面倒を見ることが期待された。それに加えて男性には、さらに先の住期、すなわち森住期と遊行期（苦行期）に入っている人たちには、布施をするよう期待された。

この段階では、結婚と息子をもうけることが計り知れないほどの重みをもっていた。夫と妻の関係は『ダルマ・シャーストラ』に記されている。妻は生涯、夫を不快がらせるようなことは何一つすべきでなく、夫が亡くなったあとは、ひたすら夫の思い出に耽っているべきで、他の男性の名前を口にするなど、もっての他とされた。

森住期

家長としての努めを果たして、顔にもしわができ髪も白くなってきたら、男性は家庭と社会を後にして、より高いアーシュラマ、森住期〈ヴァナプラスタ vanaprastha〉へと進むものとされた。森住者は、先祖を祀る儀礼を行うことで、社会の安寧に貢献するのであった。とはいえ、家族と社会を離れて森の暮らしをするために本当に家を出てしまう人は、ごくわずかな割合にとどまった。ほとんどの人は家庭にとどまったまま先祖を供養して、神々に近づくため毎年巡礼に出かけるのであった。

遊行（苦行）期

もしもモークシャを願うのであれば、人生最後のアーシュラマ、遊行期〈サンニャーシン saṃnyāsin〉に入ることが必要であった。ヒンドゥー教典では、森住期と遊行期の違いが明確に述べられているわけではない。身も心も完全にこの世を捨てられるようになるためには、その前段階として、おそらく、一定期間家族と社会から隠退して森住者としての暮らしをすることが、どうしても必要だったのであろう。

ひとが神界の神秘を理解し、神の存在を身をもって体験し、ことによったら神と交わることとされ可能になるのは、人生のこの最後の段階でのことでしかなかった。遊行者にまではならない森住者は、世間一般と接触することができたが、遊行者は、世間とは完全に接触を絶っていた。最も基本的な品を個人用としてもつだけで、肉体の安楽をはかるものは何一つもたなかった。遊行者は一日中、瞑想と反省とウパニシャッド聖典の読誦に耽っていた。遊行者の、こういう簡素ではあるが清浄な状態は、死後も続くと信じられており、こういう人は決してこの世に戻ってくることはないと信じられていた。ヒンドゥー教社会では、こういう遊行者は今なお高く評価され、特別の尊敬と支援を受けるにふさわしいとされている。

アーシュラマとヴァルナが、ヒンドゥー教のサナータナ・ダルマ（永遠の法）の家族制度と社会制度にとって、二本の柱となっている。バラモン教の伝統を支える聖典は、カースト制度と四住期の意義を説くこととならんで、ヒンドゥー教徒としての人生にはどうしても欠かせないいくつかの重要な儀礼についても記している。

通過儀礼

妊娠の瞬間から臨終の時に到るまでの、ヒンドゥー教徒の生涯の重要な節目で行われる祝いの儀礼は、通過儀礼もしくは浄法〈サンスカーラ saṃskāra〉と呼ばれる。バラモン教の伝統の主流を通じて受け渡され、なおかつ『シャーストラ』にも記されている通過儀礼には、主要なものが四つある。つまり、産前の儀礼、子供時代の儀礼、結婚の儀礼、死の儀礼がそれである。

産前の儀礼

子供が生まれる前に三つの儀式が行われる。妊娠の儀式、男子誕生の祈願、胎児の保護がそれである。子供が授かるように、また母子が安全であるように願って、まだ妊娠の気配も全くないころから、妊娠の儀式が行われる。妊娠後三、四ヶ月経つと、男子誕生をもたらす儀式が行われる。この儀式には流産防止の儀式も含まれる。最後に、妊娠四ヶ月と八ヶ月の間に、胎児が悪霊に染まらぬよう儀式が行われる。

子供時代の儀礼

子供が誕生して青年期を迎えるまでの間には、数多くの儀礼が行われる。最初の儀礼は簡単なもので、出産直後に行われる。最も重要なのは、誕生後一〇日もしくは一二日目に行われる命名式の儀礼である。赤ちゃんにはこのとき正式の名前が与えられる。三番目の儀礼は、赤ちゃんが離乳して固形の食べ物を最初に与えられるときに祝われる（食べぞめ式）。これは、生後六ヶ月目のあるときに行われる。一歳から五歳までの間に、女の子には耳にピアスの穴をあける祝いが行われ、男の子には最初に髪の毛を切る祝いが行われる（断髪式）。この二つの祝いが、子供時代の儀式の締めくくりとなる。

子供時代と青年期に行われる儀礼の多くは、子供の保護と養育を目指したものであるが、なかには、社会的意義を帯びた儀礼もある。そうした儀礼を通じて、若者たちは、大人の世界の社会的責任や宗教的責任を引き受ける覚悟を固めていくのである。

青年期の儀礼の中心をなすのは、（一般には「聖紐」のお祝いとして知られる）〈ウパナヤナ upanayana〉という『ヴェーダ』の入門式である。新しく大人の社会への加入が許された者にとっては、この入門式は第二の誕生と見なされている。それぞれの階級へのこうした入門の祝いを受けることは、（バラモン、クシャトリヤ、ヴァイシャの）上位三カーストに属する男子にしか許されていない。〈ウパナヤナ〉の儀礼に参加する男子は、この祝いで霊的に生まれかわるため、〈再生族〉と呼ばれる。母親の子宮から生まれたときの最初の誕生は不完全な誕生と考えられているのである。ウパナヤナの祝いを通じて、子供たちは、ヒンドゥー教の社会制度の一員として〈もう一度、生まれる〉のである。第四番目のカーストであるシュードラのメンバーには、この祝いは行われない。したがって彼らは、肉体的に生まれてはいても霊的には生まれていないとされ、そのために彼らは、清浄な存在だとは考えられていないのである。そこで彼らには、神聖だと考えられるどんな仕事にも就く資格がないということになる。ウパナヤナの儀礼を受けないうちは、上位三カーストの子供たちもシュードラと同じだと見られている。上位三カーストに属する男子でも一六歳と二二歳と二四歳になるごとに入門式を受けなかった者は、不浄な存在と見なされて、彼らと社会的交わりをもつことは禁じられている。

ウパナヤナの儀礼を受ける前に、男の子は母親と一緒の最後の食事をする。彼はそれ以後、家族

三人の兄弟が、〈聖紐の祝い〉の準備を、すなわち〈ウパナヤナ upanayana〉と呼ばれる手の込んだ通過儀礼の準備をしている。司祭と家族のメンバーが、火壇の前で営まれるこの祝いに臨んでいる。

の成人男子のメンバーと食事をすることになる。そして頭を剃って、沐浴をする。鹿皮の下帯を着け（今日では木綿製の下帯で代用されている）、最後に聖紐が与えられる。これは〈ウパヴィータ upavīta〉と呼ばれる紐で、三本のより糸からできており、それぞれのより糸はさらに三条の糸からできている。ウパヴィータは、宇宙のただ一つの源泉と不可分な形で結びついたありとあらゆる個別的存在を象徴する、目で見ることのできるシンボルである。普通この紐は、左肩から右脇に垂らして着けられる。これは入門式の儀礼を支える中心的要素と見なされている。

この祝いが滞りなく終ると、若者は司祭とならんで献供の祭火に薪をくべる。少年にとってこれは、『ヴェーダ』の宗教の中心的な宗教行為である献供との、最初の出会いである。昔は、この祝いが済むと、子供は自分の家庭と家族を離れて、師の家で弟子として何年も過ごすのであった。そしてその間子供は、地位も身分も財産もないまま、謙遜と従順と純潔の生活を送ったのである。現在では多くの若者が、大学に入学する前に、あるいは場合によっては大学に入学後、結婚する前に、この儀礼を行っている。現代の若者は、生涯を聖典の研究に捧げようと決意した者でないかぎり、師と起居をともにすることはない。

学業を終えたあと、子供はいま一つの儀礼を経て社会の一員になっていく。現代ではこの儀礼は、学生が大学を卒業したり親元に帰ったりした時に行われる。この儀礼の中心テーマは祝いの沐浴にある。沐浴がすむと、学生はこれで立派に社会のメンバーとなる。もういつ結婚して家長となってもよいのだ。こうして自分に相応しい花嫁探しがはじまる。

結婚

結婚〈ヴィヴァーハ vivāha〉はヒンドゥー教徒の生活では最も重要な儀礼の一つである。重要な宗教的献供を営むことは、男性の既婚者にしか許されておらず、しかも四住期のすべてに属する家族を養うのも、ひとり男性の既婚者のみである（未婚の男性は、最初の二つのアーシュラマに属する親族にしか責任をもっていない）。かくして男性既婚者の役割は、ヒンドゥー教社会ではきわめて重要なものとなる。とはいえ、こうした男性既婚者も、本当に一人前扱いされるのは、息子をもうけてからのことでしかない。

結婚の第一段階は適切な相手を見つけることである。両親が子供の合意を得たうえで独自の選択を行う。そして、星占いのカレンダーと家庭専属の司祭の助けを借りて、結婚の儀礼に都合のよい日取りを決める。

結婚の日のしばらく前に、婚約が行われる。結婚式の当日、花婿は、友人や親族たちと華やかな行列を仕立てて花嫁の家まで出向いていく。花嫁は愛と忠実を象徴する真っ赤な衣装を身にまとい、花婿は清浄と晴朗を象徴する白い衣装を身に着ける。花婿の父親が花嫁の手をとろうと申し出ると、花嫁の父親が花嫁の手をとって、正式にこれを花婿の父親に差し出す。結婚の儀礼は、バラモンの階級に属する家族専属の司祭の手で執り行われる。中心的な儀礼は地域によっていろいろと異なってはいるが、四つの基本の儀式は同じで、これが結婚の祝いの中核をなしている。

もろもろの儀式はレンガでできた火炉の前で行われる。司祭は、花嫁花婿、およびその両親とともに、祭火でもあれば火神でもあるアグニの近くに坐る。招かれた家族と友人たちがこの人たちを取り巻くなかを、司祭が次々に結婚の儀式を進めていく。結婚の儀礼でも、プージャーを行う場合と同じように、鈴が鳴らされ、『ヴェーダ』の讃歌が歌われ、香りの高い花や清められたバターや調理していない穀物やその他多くの同様のものが供物としてアグニのなかに投げ入れられる。

いかにもお祭りらしい響きと、甘い香りと、華やかな色彩とに包まれて、花婿が花嫁に向かって言う。「私はあなたの健康と幸せのために尽くします」と。そして花婿が花嫁を導いて祭火の周りを三度まわる。一周するたびに、花婿がマントラを唱える。花婿が花嫁に向かって言う。「私と仲よくして下さい。どうか私に尽くして下さい。男の子をたくさん生みましょう。息子たちが長生きしてくれますように」と。それからカップルは祭火の周りを七歩で一周する。この七歩の歩みが、結婚式の山場である。二人の結合を象徴するために、花嫁と花婿は一緒に坐って二人で同じ食事をいただく。結婚の儀礼が終ると二人は夫の家に赴き、四日目には、子宝に恵まれるよういくつかの儀式が行われる。

火葬とシュラーッダ

誰かが亡くなると、家族や友人たちに直ちに知らされる。二、三時間としないうちに、葬列のなか、死体が担架で地元の火葬場まで運ばれる。葬列の先頭には息子が立って、喪主として振る舞う。

葬列が進むなか、ラーマ、ハリ（クリシュナ）、シヴァなど、大きな声で神の名が呼ばれる。火葬場に着くと、死体は特別に準備された積み薪のうえに置かれ、葬儀が滞りなく行われたあかつきには死者の魂はきっと先祖たちと一つに結ばれるだろうと信じて、荼毘に付される。参会者は振り返ることなしに帰路につく。

遺体を火葬にするのは、インドの歴史始まって以来の習慣である。火葬は、自分の肉体が聖火アグニのなかに捧げられる最後の献供〈アンティイェーシュティ antyeṣṭi〉だと見なされた。死者は火のなかから新しい生存へと生まれ変わって、先祖たちの仲間に入るのだと信じられている。

祖先祭〈シュラーッダ śrāddha〉が行われるのは、故人が先祖の家まで無事にたどり着くよう手助けするためである。火葬された後、故人は一定期間亡者として暮らすのだと信じられている。一年も続くことがあるというこの期間中は、故人は危険な存在で、遺族は汚れた存在である。〈シュラーッダ〉の儀礼では、亡くなったばかりの者のために水と食べ物が供えられる。故人への敬意と思いやりを示した聖句を朗唱しながら米で作った団子（ピンダ）と水のお神酒が捧げられるのである。この死の儀礼は、地上での生存から祖霊の住まう世界への移行の儀式である。この儀礼は、死後十二日から一年の間、それを執り行っている人物が必要と認めればいかなる場においても行われる。

これはヒンドゥー教のどの通過儀礼にも当てはまる著しい特徴であるが、ここでは、カルマ、サンサーラ、モークシャといったヒンドゥー教の一般的信仰が問題にされることは、いささかもない。

太陰暦によるヒンドゥー教の12ヶ月

チャイトラ月	3月／4月
ヴァイシャーカ月	4月／5月
ジェーシタ月	5月／6月
アーシャーダ月	6月／7月
シュラーヴァナ月	7月／8月
バードラパダ月	8月／9月
アーシュヴィナ月	9月／10月
カールティカ月	10月／11月
マールガシールシャ月	11月／12月
パウシャ月	11月／12月
マーガ月	1月／2月
パールグナ月	2月／3月

シュクラ・パクシャは、新月後の二週間を指し、クリシュナ・パクシャは、満月後の二週間を指す。

ヒンドゥー教の通過儀礼は、人生を祝福し繁殖力を謳歌する肯定的世界観に立脚したものであり、死がやむなく訪れたときも、ヒンドゥー教徒は儀礼を通じて死者を祖霊たちのもとに送りとどけるだけである。また、ヴェーダ期の献供から現代ヒンドゥー教の儀礼に到るまでの一貫した要素と言えば、ほとんどすべての通過儀礼の中心的要素としての祭火の役割である。

出産前の儀礼、子供時代の儀礼、結婚の儀礼、そして死の儀礼は、再生族のカーストに属する女性たちにもほどこされる。けれども、これらの儀式が営まれている間、『ヴェーダ』の祭文が唱えられることはない。女性には『ヴェーダ』を読むことも『ヴェーダ』を聞くことも、ともに禁じられているからである。じっさいヴァルナーシュラマ・ダルマの制度のもとでは、女性には精神的傾向が欠如していると信じられていたため、女性は、人生の四住期のいずれに入っていくこともなく、娘時代は父親に依存し、大人の女性としては夫に依存し、そして年をとれば息子の負担となって、一生を過ごしたのである。

8　新しい風と現代ヒンドゥー教

今日のヒンドゥー教徒の宗教生活は、バクティやプージャーや、さまざまな儀礼をはじめ、家庭や寺院で行われるお祭りやヴァルナーシュラマ・ダルマの制度などに捧げられている。ヒンドゥー教徒のうちには、これらすべての伝統に従うひともいれば、そのわずかにしか従わないひともいる。けれども、現代のヒンドゥー教徒のうち何千人もの人たちが、いま一つの昔ながらの伝統である聖者崇拝の伝統を踏襲している。ヒンドゥー教では、聖者たちがもろもろの改革的運動を導いてきたからである。

聖者の役割

ヒンドゥー教では、新しい観念を古代以来の伝統に根差した仕方で生み出したり広めたりするのに、聖者たちが枢要な役割を果してきた。二大叙事詩をはじめプラーナ聖典やバクティ運動などの傑出した詩人聖者たちが、バラモン教を一般の民衆に解放したのである。イスラーム統治の時代には、旅の吟遊詩人たちが、ヒンドゥー教の信仰と伝統を、その内部構造を崩すことなしに、しかも活きいきとした形で守ってきた。一九世紀の間に、近代ヒンドゥー教徒は、産業革命とキリスト教に直面するに及んで、自分たちの忘れ去られていた数々の聖典を再発見することになった。そしてこうした歴史的環境が、新しい宗教運動へとつながっていくのである。

ヒンドゥー教の歴史では、これまでどの世紀も、そうした聖者を何百人と輩出してきた。しかし一概に聖者と言っても、死後になって人気の出るひともいれば、生前から人気のあるひともおり、高い評価を得るひともいれば、無名なままにとどまるひともおり、さらには旅の神秘主義者として禁欲的生活を送る聖者もいれば、はなはだ実践的な性格の聖者もありで、その姿は実にさまざまである。けれどもそうした聖者には、誰にも共通して見られるいくつかの特徴がある。彼らは、神の世界に完全に没頭しており、人類には愛と哀れみをいだき、宇宙に対して高い感受性をもっている。彼らは、宇宙を分割されることのない一つの全体として眺め、人間をバラバラな個人としてではなく、自然的ならびに社会的環境を通じてたがいに一つに結ばれた存在として眺めている。そのうえヒンドゥー教の聖者は、人間は誰も、究極的には神的実在と一つに結ばれているのだと考えている。今世紀においても、多くの生きた聖者たちが、目まぐるしく変化する時代のうちにあって、彼らを慕う者たちの物理的ならびに精神的安寧を気づかっている。彼らに人気があるのは、彼らが古代の文献に厳密に従っているからではなく、一般の人たちが必要とし、また願っている適切な変化を、彼らが身をもってもたらしてくれるからである。

現代のニューヨークの聖者、マハリシ・マヘーシュ・ヨーギが、信奉者たちから花をもらっている。マヘーシュ・ヨーギは米国で瞑想センターを数多く設立している。

そうした二〇世紀の聖者の一人に、シュリー・ラマナ Śrī Ramaṇa がいる。彼は一七歳のとき、自分が死すべき存在であるという意識に悩まされて、勉学に興味を失って瞑想を始めるようになり、あるシヴァ寺院でほとんどの時を過ごすまでになった。ある日、瞑想中にトランス状態に入り、自分は普遍的一者と一つに結ばれているのだ、という確信を得た。シュリー・ラマナは、それ以後の人生をこのシヴァ寺院で過ごし、多くの弟子に自己探究の道に徹するよう勧めた。シュリー・ラマナは、大苦行者〈マハリシ Maharishi（マハルシ Maharṣi）〉と呼ばれるようになった。

現代のヒンドゥー教のグル、つまり教師の役割をも兼ねた聖者は、多くの宗教的筋道のうちどれか一つに従っているが、なかでも最も一般的なのがヨーガの道である。ヨーガは心身の鍛錬を通じて、自己の探究と精神的バランスを成就する技術を教えてくれる。こうした現代の聖者たちは、弟子たちに向かって、どうしたら平安が得られるか、皮相的な諸価値を振り捨てて、愛と共感を我がものとし、人間同士の一体感や宇宙との一体感をはかるのにはどうしたらよいかを、教えている。

改宗

ヒンドゥー教とその聖者たちの霊力が、多くの人たちをこの宗教に引きつけてきた。二〇世紀には、世界中からやって来た人々が、ヒンドゥー教の知恵を求め、この宗教に改宗しようとさえした。

伝統的には、非ヒンドゥー教徒がヒンドゥー教に改宗することはできないとされてきたが、すでに改宗ということが行われるようになっている。しかしヒンドゥー教徒は信じてきたのである。ひとはヒンドゥー教の家庭に生まれるのでないかぎり、ヒンドゥー教徒になることはできない、と。

ヒンドゥー教への改宗が可能になったのは、やっと一九世紀も終りになってからのことであった。ヒンドゥー教の多くの改革的運動に影響を与えたのは、伝道の精神と改宗の観念をもったキリスト教であった。こうしたキリスト教の影響から、ヒンドゥー教への改宗ということが進んでいったのである。

ヒンドゥー教徒でないものがヒンドゥー教に改宗できる一つの道は、ヒンドゥー教のダルマとサンサーラに熱心に従うことである。改宗者になれば、ヒンドゥー教のさまざまな祝いや儀礼を受けたり、グルのもとに入門したり、名前を変えてヒンドゥー教徒となることに専念したりすることも可能になる。やがて一世代か二世代経つうちには、結婚や社会的交わりを通じて自分をヒンドゥー教徒と呼ぶことも可能になるだろう。

改宗のためのこういう選択は、今日、下位カーストに属する一家が上位カーストに上がっていくときの道とよく似ている。伝統的には、ヒンドゥー教徒でない一家や下位カーストの一家は、身分が上のヒンドゥー教一家とは接触することさえできなかった。とはいえ、最近になって下位カーストの一家でも少しずつ上位カーストに上がっていくことができるようになった。だがそうするためには、その家族は、上位カーストの家族の行っている儀礼や行事はもとより、その人たちの一般的な暮らしぶりまで受け入れる必要がある。これに加えて、菜食主義を取り入れたり、上位カーストの者と結婚したり、またその両者を同時に行ったりすれば、上位カーストへの移行はいっそうスムーズになる。

ヒンドゥー教の米国における運動

ヒンドゥー教への改宗の可能性とカースト変更の可能性が新しく生まれたことで、ヒンドゥー教の精神的風土のなかに新しい流れが育ってきた。その一つの注目すべきものとして、この四半世紀の間に、ヒンドゥー教の実習センターや研究学会が、米国において、激しい勢いでいくつも誕生した事実が挙げられる。今日、米国には、ヒンドゥー教のグルが何百人もいるが、そのなかには、米国に移住してきたインド人もいれば、インドで訓練を受けた米国人もいる。

学者たちはこの傾向をいくつかの理由から説明しようとしている。一つの理由としては、生活のテンポが極度に早くなったため、からだの快適と悦びがはかられなくなり、そこから肉体的緊張と精神的圧迫感が生まれることがある。これが米国のライフ・スタイルである。こういう環境のなかで多くの人たちが、神を知る当てもないような物質的世界からは、いっそ逃げ出したいと考えている。これに加えて、また別の学者たちは、米国人のなかに見られる探究と実験への傾向を強調している。かつて米国人は新大陸を隈なく調べてまわったが、今度は関心を一転させて、内なる自己を隈なく点検しようとしているのだ、というのである。

ヒンドゥー教を合衆国にもたらした「大苦行者マハリシ」に、マハリシ・マヘーシュ・ヨーギMaharishi Mahesh Yogi がいる。マヘーシュ・ヨーギは、欧米諸国に多くの瞑想センターを設立した現存の聖者である。彼は弟子たちに、心身の健康をはかるにはヨーガを用いるのがよいと勧めている。彼の主催する組織「学生国際瞑想協会 The Students' International Meditation Society」は、情緒のバランスと肉体の安寧を理想としている。この機関では、何千人という学生がグルの指導の下で瞑想を実習している。この機関は、ヨーガの研究と調査の進展にも尽くしている。

いま一人の聖者、バクティヴェーダーンタ Bhaktivedānta も、ヒンドゥー教の教えを合衆国にもたらした人である。バクティヴェーダーンタはごく若い頃から聖典に深く引かれ、バクティ派ヒンドゥー教徒の生活を送った。彼は結婚したが、四四才のとき世間から身を引いて、もっと多くの時間を研究と著作にさくことができるよう、森住者の暮らしを選んだ。そして六四才のとき、遊行者（苦行者）〈サンニャーシン saṃnyāsin〉となって、数冊の書物を残した。バクティヴェーダーンタは、瞑想と詠歌にもとづく神への献身の道を歩んだのである。

一九六五年にバクティヴェーダーンタは米国に渡り、米国人にヒンドゥー教を教えた。彼は「クリシュナ意識のための国際協会 The International Society for Krishna Consciousness」と呼ばれるバクティ派の信仰運動を始めた。十年もしないうちに、彼は、これまでの生き方を捨てて師に従おうとする弟子たちを何百人も集めた。師に捧げられた壮大な記念碑が、弟子たちの手でウエスト・ヴァージニア州のマウンズヴィルに建てられている。

ヒンドゥー教の聖者に従う者は、グルのもとに一生とどまらなくてはいけないわけではない。学生たちは、いったんグルに教えを受けたら、あとは自分の責任で歩いていくものとされている。現代の哲人教師、クリシュナムールティ Krishnamurti は、つぎのように述べている。「ひとは、弟子をもつべきでも、誰かの弟子になるべきでもない。誰かに従ったとたんに、真理に従うことがなく

スワミ・バクティヴェーダーンタが聖句を詠唱し、信者たちが踊っている。スワミはヒンドゥー教を教えるために1965年に米国にやってきた。

なってしまう。――真理は誰の内にも存在している。自分のほかには、自分を自由にしてくれる者など、誰もいない。」

ヒンドゥー教に関心をよせる人たちのなかには、ただ聖者に従うだけではなしに、合衆国に設立されたさまざまな調査・研究センターでみずから研究生活に従事している人たちもたくさんいる。こういうセンターでは、古代のテキストが翻訳され、研究され、分析されている。センターのなかには、定期的に祈りの会やグループ詠唱の会を催しているところもある。こうしたセンターの会員は、そのほとんどが、さまざまな宗教的背景をもった米国人たちである。

ヒンドゥー教は、一つの流動的で活力に満ちた宗教として、合衆国という地理的ならびに社会的経済的に新しい環境で、みずから自己にうまく適応してきた。ヒンドゥー教はつつがなく発展をとげて、新しい成長を手にしている。ヒンドゥー寺院が、ピッツバーグ、シカゴ、ニューヨーク、ロサンジェルスをはじめ、合衆国の他の都市に建てられて、その珍しい建築を通じて観光名所にもなっている。このように、米国のヒンドゥー教徒の手でヒンドゥー寺院が建てられているのは、彼らが霊場をつくろうとしていることの表われである。ヒンドゥー教徒は信じている。聖なる空間は創られる。聖なる空間はすでにそれだけで一つの世界である、と。また寺院は、弱小集団がそこに住んで自己のアイデンティティーを貫いていくときの、一つの安全な空間にもなる。

聖なる空間の一つの目覚ましい例としては、ペンシルベニア州のピッツバーグの寺院が挙げられる。この寺院は、インドの伝統的な寺院建築のプランそのままに建てられており、落慶式でも就任式でも『シルパ・シャーストラ』で指定されたとおりの儀礼が執り行われた。ペン・ヒルズに建てられたヒンドゥー寺院の生活は、ヒンドゥー教の特徴をよく示す一例となっている。伝統的な建築様式に多くの付け足し、変更、修正が施されて、テクノロジー社会に生きている現代の信者にもなじみやすいものになっている。寺院で行われる儀礼のお勤めの多くにも、同様の手直しが施されている。

プージャーは毎日営まれているが、主要な儀礼は忙しい寄進者たちのために週末に行われている。伝統的なヒンドゥー寺院で遵守されている若干の規制や規則も、ここでは除外されてきた。一つの理由としては、現代の信者には、寺院にお参りするために山に登るだけのエネルギーも時間もないため、境内のすぐ外に駐車場ができていることがあげられる。

多くのヒンドゥー寺院では、ヒンドゥー教徒でない者には最奥の聖所に近づくことは許されていないが、ペン・ヒルズでは、非ヒンドゥー教徒のために週末には決まってツアーが組まれている。このツアーの狙いは、ヒンドゥー寺院や寺院のイコンやそこで行われる宗教的儀礼などがもつ豊かな意味を、訪問者に理解してもらう点にある。ここでは、キッチン、レストラン、休憩所なども、寺院の一部に組み込まれている。合衆国のヒンドゥー寺院は、こうした明らかな逸脱を含みながらも、活力あふれる必要不可欠な場として、現代の世俗的もしくは非ヒンドゥー社会に暮らすヒンドゥー教徒たちの、宗教的、社会的、文化的欲求を満たしている。

ヒンドゥー教の歴史は、この宗教の、多様性と独創性に満ちた観念や信仰を繰り返し示してきた。

ヒンドゥー教は古代の価値観や信仰に根ざしてはいるが、新しい観念をたえず取り入れてきた。そうした変化は、生きた聖者たちによって西欧社会にもたらされた精神的なヨーガ運動のなかにも、伝統的寺院の建築様式の変革のうちにも、非ヒンドゥー教徒がヒンドゥー教に改宗できるようになった点にも、さらには、カースト制度という位階制度の階梯を上に登ることが可能になった点にも、はっきり認められる。

ヒンドゥー教は歴史の最も古い宗教ではあるが、また同時に、最も新しい宗教でもある。ヒンドゥー教はその根を伝統のなかに張り続けてはいるが、その信奉者は、時代がそれを求めれば、改革的運動を通じて刷新を強行していく。女性蔑視や下位カースト蔑視などヒンドゥー教の多くの伝統が、本家本元のインドで変化しつつあるように、この昔からある宗教は、故国を離れた移住者たちのためにも、さまざまな修正をみずから自己に加えているのである。

訳者あとがき

本書〔の初版〕は、ファクツ・オン・ファイル社から出版された「シリーズ　世界の宗教」の一冊、'HINDUISM' by Madhu Bazaz Wangu, 1991 の全訳である。著者のマドゥ・バザーズ・ワング女史は、同シリーズの『仏教』の著者でもあるが、彼女については、宗教学の哲学博士号を取得したピッツバーグ大学で教鞭をとったことがあること、フリーランスの芸術家としていくつかの賞を受賞していること、ヒンディー語のクラスで教えたことがあることなどの他は、残念ながらよくわからない。

しかしながら本書の翻訳を通じて感じたのは、彼女が学問的にきわめて中正な態度を堅持しつつも、芸術家らしい柔軟で繊細な筆致を通して、ヒンドゥー教という複雑無類な宗教の本質と可能性をきわめて彩やかに描き出しているということである。学問に芸術的香気を添えているのは、彼女自身の個人的信仰の深さによるものかと思われるが、とかく流露するものを抑えて静かに筆を進める彼女の態度には、みずからの信仰の深ささえ相対化する真摯な慎ましさが感じられて、まことに心地よい。

言うまでもなく、本書はヒンドゥー教の入門書として書かれたものであって、ヒンドゥー教の研究書でも、ヒンドゥー教の信仰告白の書でもない。その意味で、本書に学問的もしくは思想的オリジナリティーを求めるのは、いささか筋違いと言うべきであるが、入門書として、また啓蒙書として、宗教の実態をこのように限られた紙幅のなかで手に取るように彩やかに描き出して見せるのは、決して容易なことではない。彼女の優れた資質については、本書でも十分に証明されたと言ってよいだろう。入門書としての本書にオリジナリティーを添えているのは、ヒンドゥー教徒の日常生活と宗教的感受性を描き出す彼女自身の感覚的と言ってもよいほどにきめの細かい視点であり、ヒンドゥー教の行く末を期待をもって見据える彼女自身の柔軟で明るい視点である。

彼女はあたかもヒンドゥー教のプージャーそのものにでもならうかのように、知性はもとより人間の感覚をも総動員して、この宗教を可能なかぎりイメージ豊かに説明しようとしている。歴史的、思想的立場をスケッチしたあと、神話的世界の記述や日常の儀礼的世界の記述にみずみずしい筆致を揮っているのは、けだしそのためである。

またヒンドゥー教の近代的改革についてのもろもろの民族主義的動向を記述したあと、彼女は現代ヒンドゥー教のさらなる改革をはじめ、その将来的可能性にまで筆を進めている。彼女はそこで、歴史的にかずかずの危難にさらされながらも、外来のものを呑みこんでそのつど新しい成長を遂げてきたヒンドゥー教のたくましい柔軟性と懐の広さに、ヒンドゥー教そのものの可能性と人類の可能性を重ね併せて見出しているかに思われる。

ヒンドゥー教は、古代の価値観や信仰に根差しながら、その歴史的展開を通じて多様性と独創性に満ちた観念や信仰を生み出してきた。またヒンドゥー教の聖者たちは、皮相な諸価値を振り捨てて、愛と共感を我がものとし、人間同士の一体感や宇宙との一体感をはかる道を身をもって示してきた。彼女は、ヒンドゥー教の核心が、俗なるもののただ中から聖なるものが輝き出して、多様で異質なもののすべてが聖なるものへの連なりの中で大いなる統一へと脱皮をとげる、その生命（いのち）あふれるプロセスのうちにあることを、ひかえめながら多角的に説こうとしている。

私見によれば、人間が自然とのつながりをますます失いつつある現代、もろもろの宗教のうちにあって、とりわけ自然の神秘的な力への畏れと感謝を宗教の中核としてきたヒンドゥー教や日本の神道など、いわゆる自然宗教と言われるものに、人類の大きな可能性が秘められているように思われてならない。それらは特定の開祖や確定された教義を欠くため、自然発生的な民衆宗教として、キリスト教や仏教などの普遍宗教と言われるものの陰に追いやられて、とかく一段低いものと見られることもしばしばであったが、それはおそらく、近代化という現象が生んだ一時の迷妄に過ぎない。むしろ教義や開祖を欠くところに、これらの宗教の最もラディカルな可能性と本質がかくされていると見ることも不可能ではなく、既成のあらゆる宗教がかずかずの根深い歴史的対立を超えて真の融和に達しようとするならば、ひとはまず、人間の生み出したすべての制約を忘れて、個々の教理の根底にあってこれを支え、なおかつすべての宗教に通底しているとも思われる、自然もしくは生命への畏敬という名の人間の根源的感受性に立ち返ることこそ、急務だと思われるからである。広い意味での自然宗教と言われるものが、人類の歴史の曙から今日にいたるまで、民衆レヴェルで連綿と受け渡されて、人類の滔々たる精神史の最も本質的な底流を形成してきたという事実に、私たちは今日、あらためて大きな敬意を払うべきではないかと、思われるのである。

なお翻訳の作業については、財団法人「東方研究会」の派遣留学生としてインド・デリー大学に留学中の山口菜生子の作成した訳稿に、私が手を入れてこれを整えた。したがって本書は、私と山口菜生子の共訳によるものであるが、翻訳の最終責任は私が負うている。また私はこのところしばらく、哲学的人間学の立場から、精神医学の研究を進める傍ら、宗教哲学・宗教心理学などの研究を進めてきたが、ヒンドゥー教を専門に研究してきたわけではない。そこでサンスクリットのカナ表記などについては、慎重を期して、友人でインド哲学専攻の阿部慈園氏から懇切なご教示をあおいだ。ここに記して感謝申し上げる。

また、訳稿を整える段階で多くの書物のお世話になったが、その中から比較的親しみやすいものを中心に、以下参考書として掲げておきたい。また『ヴェーダ』、『ウパニシャッド』の現代語訳では中村元先生の著作を、『バガヴァッド・ギーター』の現代語訳では上村勝彦氏の翻訳を、引用させていただいた。ここに記して感謝申し上げる。

最後になったが、青土社社長の清水康雄氏にはフリチョフ・カプラ他『徹底討議：われら宇宙に帰属するもの』に引き続いて本書翻訳の機会を与えていただき、感謝している。ここにあらためて、お礼申し上げたい。編集の水木康文氏にも、細かな点でいろいろとご迷惑をおかけした。ここに深く感謝申し上げる。

（一九九四・二・四）

参考書

『ヒンドゥー教史』中村元著　山川出版社
『インド思想史（第二版）』中村元著　岩波書店
『ヴェーダの思想』中村元著　春秋社
『ウパニシャッドの思想』中村元著　春秋社
『インド思想史』早島鏡正・高崎直道・原実・前田専学著　東京大学出版会
『インド的思考』前田専学著　春秋社
『インドの思想』川崎信定著　放送大学教育振興会
『インド文明の曙』辻直四郎著　岩波書店
『ウパニシャッドの哲人』松濤誠達著　講談社
『ラーマクリシュナ』奈良康明著　講談社
『インドの光』田中嫺玉著　中央公論社
『インド教』ルイ・ルヌー著　渡辺照宏・美田稔訳　白水社
『バガヴァッド・ギーター』上村勝彦訳　岩波書店
『インド神話』ヴェロニカ・イオンズ著　酒井傳六訳　青土社
『ヒンドゥー教』R・G・バンダルカル著　島岩・池田健太郎訳　せりか書房

改訂新版によせて

本書の初版の翻訳が出ておよそ十年ほどの歳月が経った今、改訂新版の翻訳を出すことになった。この十年間にインドが経験した内外にわたるさまざまな変化も、四千年におよぶインド悠久の歴史からしたらほんの一瞬の出来事のようにも思われるが、インドの「近代化」という点から見たら、決して軽々な予断は許さぬような、希望と緊張の交錯するきわめて中身の濃いものであったと言ってよい。

伝統と革新という問題を受けて、その都度独自な脱皮をとげながら新しい成長をとげてきたヒンドゥー教も、この間に、インド固有の近代化のあり方をめぐって、解決のむずかしいさまざまな試練にさらされてこなかったはずはない。「シャイニング・インディア」を旗印に近代化のさらなる加速にむけて快進撃を続けるかに見えたインド人民党（ＢＪＰ）のヴァジパイ政権が、この度の選挙で、ソニア・ガーンディー率いるインド国民会議派の大きな抵抗に出会って予想外の敗退を喫したことにも、現代インドのヒンドゥー教に負わされた試練の大きさが象徴的に語られているように思われる。

この改訂新版では、著者のワングは、そうした近代化の大きなうねりの傍らにあってこれを大きく左右しかねない問題として、近隣諸国や国内の少数民族などとの間で生じてきた現代インドの政治的問題に焦点を当てて、第五章の原稿を大きく書き改めている。その他の章はこれまで通りで、本書を私が最初に読んだときの感想、著者の奥ゆかしくも香気溢れる瑞瑞しい筆致は、当然ながら少しも変わっていない。

最後に私は、インドの近代化が、伝統とは無縁なただの革新として進んでいくのではなく、かえって人類史への新しい本格的な挑戦として、一切万物を神の顕現と見るヒンドゥー教の本質の、力強く輝かしい成就として進んでいくことを、心から期待したい。

二〇〇四年五月

インド、バンガロール
ボウリング・インスティテュートにて

山口泰司

シリーズ世界の宗教

ユダヤ教　M. モリスン＋S. F. ブラウン／秦剛平訳

イスラム教　M. S. ゴードン／奥西峻介訳

ヒンドゥー教　M. B. ワング／山口泰司訳

儒教　T. &D. フーブラー／鈴木博訳

キリスト教　S. F. ブラウン／秦剛平訳

道教　P. R. ハーツ／鈴木博訳

シク教　N-G. コウル・シング／高橋堯英訳

仏教　M. B. ワング／宮島磨訳

＊

カトリック　S. F. ブラウン＋Kh. アナトリオス／森夏樹訳

プロテスタント　S. F. ブラウン／五郎丸仁美訳

バハイ教　P. R. ハーツ著／奥西峻介訳

アメリカ先住民の宗教　P. R. ハーツ著／西本あづさ訳

アフリカの宗教　A. M. ルギラ著／嶋田義仁訳

青土社

ヒンドゥー教 改訂新版

〈シリーズ 世界の宗教〉

2004年6月30日　第1刷発行
2014年10月10日　第2刷発行

著者――マドゥ・バザーズ・ワング
訳者――山口泰司
発行者――清水一人
発行所――青土社
東京都千代田区神田神保町1―29市瀬ビル〒101-0051
［電話］03-3291-9831（編集）　03-3294-7829（営業）
［振替］00190-7-192955
印刷所――ディグ（本文）／方英社（カバー・表紙・扉）
製本所――小泉製本

装幀――岡孝治

ISBN4-7917-6087-5　Printed in Japan

索 引

サ行

タ行

ナ行

ハ行

マ行

ヤ行

ラ行

用語解説（アイウエオ順）

アーシュラマ āśrama ——賢者，苦行者，宗教指導者，およびその弟子たちが暮らしている，森の庵。この言葉は，また同時に，人生の四住期を指すのにも用いられる。

アートマン ātman ——個人の霊魂。この言葉は人間の内なる本質を指すのに用いられるが，それはまた，万物の根源と目される宇宙的力の本質とも同じだとされている。

アヴァターラ avatāra ——人類を苦難から救出するため，人間や動物の姿をとって地上に下る神の化身。

アグニ agni（Agni）——火のこと。この言葉は，また同時に，司祭の原型でもあるヴェーダの火神アグニを指すのにも用いられる。

アスラ asura ——神々 deva と絶えず戦っている一群の鬼神。デーヴァが『ヴェーダ』の神々の仲間とされていたのに対して，アスラはその外部に位置するものとされた。

ヴァーハナ vāhana ——「乗り物」の意。この言葉は神の移動手段を説明するのに用いられる。

ヴェーダ Veda ——ヒンドゥー教の最初期のテキストで，インダス河流域へのアーリア人の侵入以前と，その最中と，それ以後の，各段階にしたがって逐次編集された。

ガーヤトリー gāyatrī ——ヴェーダの太陽神であるサヴィトリ神に捧げられたガーヤトリー讃歌。この讃歌は、ヒンドゥー教徒によって最もよく誦せられている讃歌である。

クシャトリヤ kṣatriya ——二番目に高いカーストで，戦士階級をあらわし，戦いと防衛を義務としている。

カルマ（カルマン）karman ——来世での生まれかわりの質を決定する，前世や現世での善行や悪行。業（ごう）。

グリハスタ gṛhastha ——家長。この言葉は，また同時に，ヒンドゥー教

の四住期のうち二番目の段階，家住期を指すのにも用いられる。

グル guru ——神の顕現とも見なされる霊的（精神的）指導者。

サンサーラ saṃsāra ——霊魂が，相異なるさまざまな生涯を通じて，果てしなく生まれたり生まれかわったりすること。輪廻転生のこと。

サンスカーラ saṃskāra ——さまざまな通過儀礼。

ジーヴァンムクタ jīvanmukta ——生きながらにして霊的解放に達したひと。完全状態のうちにあって，ブラフマンとの一体化を実現したひと。

シヴァ派 Śaiva —シヴァ神を奉ずるヒンドゥー教の一派の名称で，この一派に属する信徒のことをも言う。

シャークタ派 Śākta ——大女神シャクティを奉ずるヒンドゥー教の一派の名称で，この一派に属する信徒のことをも言う。

シャクティ Śakti ——力とエネルギーを体現する大女神。

ダルマ dharma ——社会的義務もしくは宗教的律法。ヒンドゥー教社会と究極的には宇宙における，秩序の原理。

ダルシャナ darśana ——信者が神格を「拝観」する聖なる行為。

デーヴァ deva ——『ヴェーダ』の神々のうちに含まれる一群の神々。

バガヴァッド・ギーター Bhagavad-gītā ——叙事詩マハーバーラタの第六巻。この書では，クリシュナ神がアルジュナに自己の使命と神への献身的な愛について教える。

バクティ bhakti ——神への献身的な信仰と愛。信愛。普通，守護神への徹底した献身を通じて表現される。

バラモン Brahmin ——ヒンドゥー教のカースト制度の最上位の階層で，儀礼を執り行うこと，教育を行うことを義務としている。

プージャー pūjā ——花，線香，食物などを捧げて神格を讃える礼拝・供養。

プージャーリー pujārī ——プージャーを執り行うバラモンの司祭。

ブラーフマナ Brāhmaṇa ——四ヴェーダに付随する祭儀書。

プラサーダ prasāda ——信者が神々に捧げる食事で，神々に祝福されたのちに，信者のもとに返され，信者がお下がりとしていただく。〔また，清浄を原義とするところから，転じて神の坐所，寺院をも表わす。(訳者)〕

ブラフマー Brahmā ——プラジャーパティ Prajāpati としても知られる造物主（梵天）。シヴァ神，ヴィシュヌ神とならんで三一神を形成する。この神妃は，知識の女神サラスヴァティーである。

ブラフマチャーリン brahmacārin ——『ヴェーダ』を学ぶ学生。この言葉は，また同時に，人生の四住期の最初の段階，学生期を指すのにも用いられる。

ブラフマン Brahman ——ヒンドゥー教の唯一神。唯一者，究極的実在，世界霊魂としても知られる。彼は万物の根源と信じられている，それ自体で存在する宇宙的力そのものである。

マーヤー māyā ——つかの間のこの世にあってこの世が永遠不滅のものだとする誤った考え。

マンディーラ mandīra ——ヒンドゥー教の寺院。

マントラ mantra ——聖なる定型文，聖なる句，聖なる音などで，通例は儀礼の言葉とか韻律の整った祈りとして唱えられる神歌もしくは咒句。

ムールティ mūrti ——ヒンドゥー教の神格を芸術的に表現したもので，儀礼を通じて聖別されたあと，崇拝の対象となる。神像。

ムドラー mudrā ——象徴的な意味をもった手指による様々な印（印契）。インドの古典舞踊に起源をもつ。これはまた拡大されて，神像を造るときにも用いられる。

モークシャ mokṣa ——解説，解放。

リシ ṛṣi ——究極の実在を感得して『ウパニシャッド』のテキストをあらわした聖仙。

リタ ṛta ——宇宙の秩序（天則）とものごとの倫理的秩序をあらわす『ヴェーダ』の用語。後に意義が拡大されてダルマ（法）という概念になった。

リンガ liṅga ——男根。シヴァ神の苦行の力を象徴すると同時にシヴァ神の性愛の力をも象徴する，男性の生殖器官。